時給850円のシングルマザーが

おうち起業で年商1億円

とみたつづみ

みらい PUBLISHING

時給850円のシングルマザーが
おうち起業で年商1億円になった
HISTORY

つづみ
HISTORY
売上コミットアカデミー
起業副業スタートアップカレッジ
億プラチナプロジェクト
年間60名超え 受講生さん
年商1億円
ここに至るまでの物語
書籍
第1弾
0円集客で売上1億円
第2弾
あなたも月商100万円
第3弾
億女になる方法
第4弾
ひとり起業家お悩み解決BOOK
集客完全攻略マニュアル
Amazon全国大手書店売れ行きNo1
kindle売れ行き12部門No1
Ameba
オフィシャルブロガー

結婚→離婚→再婚→出産→調停離婚→養育費も０

０歳の子供を抱えた無職のシングルマザー

人生の絶望期からの起業スタート

今ある全てはココからはじまりました。

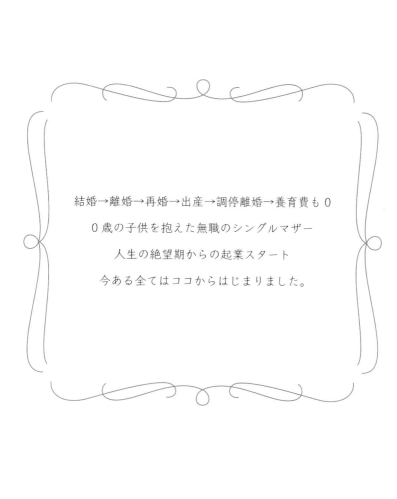

8月
働かない・DV・ストーカー夫
別居!!
11月
離婚調停
スタート
1年後離婚成立
2007年
36才
7月 出産
3日間
陣痛
もんぜつ
超難産
・血圧低下
生死さまよう
・高ねつ
2000年
30才
お料理教室
スタート
2003年までの3年間
口コミだけで
毎月50名参加
母に子供を預けて…
パート
時給850円
スタート
年収200万
以下
少しでも将来のために
貯金したい!
お料理教室
再スタート
副賞でもらえる
4万のミックス
バーミックス
最優秀賞
受賞
ほしさに
初めての
レシピコンテスト投稿!!
ほしいー
2009年
38才
4月
レシピ
ブログ
スタート
「ベジタブルセラピー」
2008年
37才
10月
子供を保育園
に預け
契約職員
おつとめスタート
お料理教室再スタート
お料理合コン スタート
2015年まで
3000人以上の方に
ご参加いただく
日 料理教室
土 某自動車メーカーのディーラーで
アルバイト
お料理合コン
契約職員の
おつとめを
しながら
祝祭日以外
働き続けて
月収30万
飲食店メニュー
プロデュース
交流会仲間の
経営者の方から
ご紹介
人気テレビ番組の
料理コーナー監修
フードコーディネート
タレントさんへの調理指導
2012年
41才
8月
ビジネス交流会
入会
3年間
毎週金よう日
朝6時〜
定例会に参加
ご縁
たくさんの
経営者の
方々と
人脈を作る

料理家としての起業からエステ経営を経て

いよいよコンサルタントとしての

一歩を踏み出しました！

今までやってきたことが形になり

起業人生が加速しはじめたのが、この時。

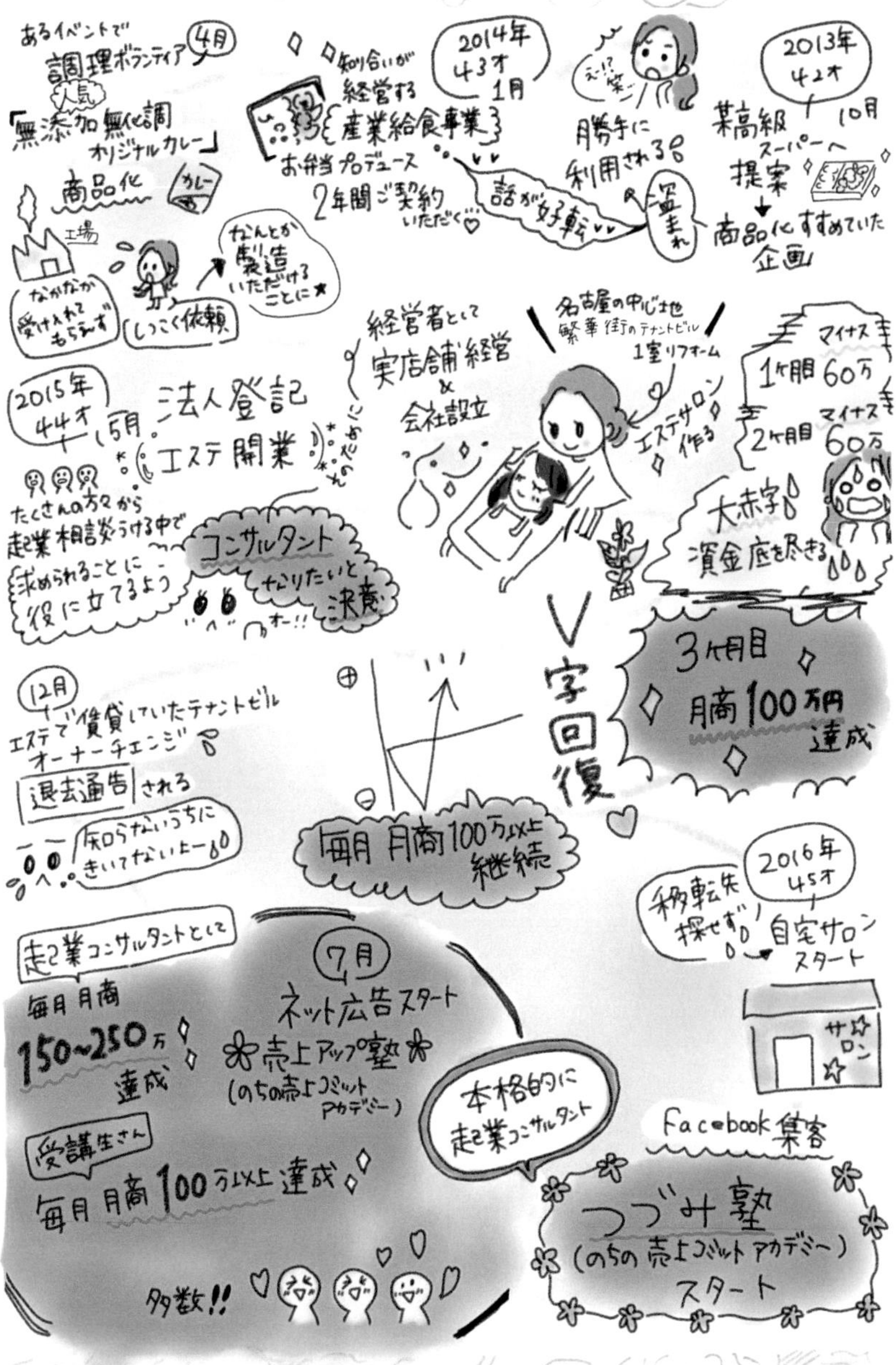

あるイベントで 調理ボランティア 4月
人気 「無添加 無化調 オリジナルカレー」
商品化
カレー
工場
なかなか 受けいれて もらえず
しつこく依頼
なんとか 製造 いただけることに★
知合いが 経営する 産業給食事業
お弁当プロデュース
2年間ご契約 いただく♡
2014年 43才 1月
話が好転
えっ!? 案
勝手に 利用される
盗まれ
2013年 42才 10月
某高級スーパーへ 提案
商品化すすめていた 企画
2015年 44才 5月
法人登記
エステ開業!
たくさんの方々から 起業相談うける中で
コンサルタント
求められることに 役に立てるよう
なりたいと 決意
オー!!
経営者として 実店舗経営 & 会社設立
こわい
名古屋の中心地 繁華街のテナントビル 1室リフォーム
エステサロン 作る
1ヶ月目 マイナス 60万
2ヶ月目 マイナス 60万
大赤字 資金底をつきる
V字回復
3ヶ月目 月商100万円 達成
12月 エステで賃貸していたテナントビル オーナーチェンジ
退去通告 される
知らないうちに きいてないよー
毎月 月商100万以上 継続
2016年 45才
移転先 探せず
自宅サロン スタート
サロン
起業コンサルタントとして
毎月 月商 150~250万 達成
7月 ネット広告スタート
売上アップ塾 (のちの売上コミット アカデミー)
本格的に 起業コンサルタント
受講生さん
毎月 月商 100万以上 達成
多数!!
facebook 集客
つづみ塾 (のちの売上コミットアカデミー) スタート

まさかの出版！ Amazon1 位

全国大手書店ランキング 1 位

そして まさかまさかの年商 1 億円

時給 850 円のシングルマザーの私が、

覚悟を決めて起業して 10 年が経ち

『私だからできることを

私にもできるやり方で 私らしく』

この理念を持って取り組み、

周りの方々のおかげもあって、

なんとかここまでやってこれました。

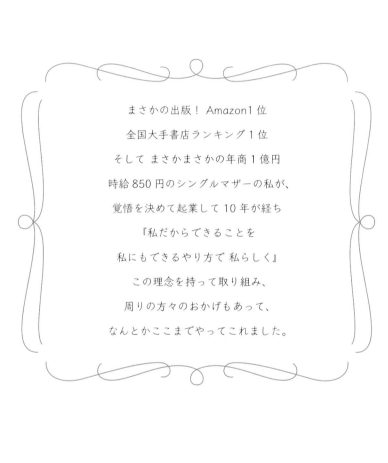

2019年
48才 4月
Facebook広告
審査厳しくなり
広告が全く承認されず。
集客に苦戦
6月・7月
売上0円
ひょこ
アメブロ集客
スタート!!
9月
初月から
月商850万
達成
4ケ月で
やく
2000万
達成
2020年9月
書籍第1弾
「0円集客で売上1億円」
Amazon売れ行きランキング1位
全国大手書店売れ行きランキング1位
2021年
50才 4月
年商1億円達成
売上コミットアカデミー
受講生さん
60名超え/年間
認定コンサルタント
養成講座スタート!
8月
Amebaオフィシャル
ブロガー
として依頼うける
2021年9月
書籍第2弾
「あなたも月商100万円」
Amazon・全国大手書店
売れ行きNo1
2022年4月
書籍第3弾
「億女になる方法」
kindle売れ行きランキング
12部門1位
2022年8月
書籍第4弾
「集客完全攻略マニュアル」
2022年9月
オンラインサロン
『起業副業スタートアップ
カレッジ』
スタート!!
年商1億を目指す経営塾
『億プラチナプロジェクト』
スタート!!
2023年
52才
1月
書籍第5弾 執筆
「時給850円のシングルマザーが
おうち起業で年商1億円」
4月 発売

おうち起業で成功されている
売上コミットアカデミー
受講生さんたちと♡

時給850円のシングルマザーが

おうち起業で
年商1億円

とみたつづみ

みらい

年商1億円なんて夢の話
私には関係ない

でも、もしホントにそれができるのなら……。
と、一瞬でも思ったら
その瞬間から、運命の扉を開くことができます。

もしホントにそれができるのなら、私もそうなりたい。
そのためにがんばってみたい。
何からどう、がんばればいいんだろう。

運命の扉は、この瞬間から開きます♡

ごあいさつ

こんにちは、はじめまして。

3か月で月商100万円達成する専門家、売上コミットコンサルタントとみたつづみです。

私が代表取締役を務める、株式会社つづみプロジェクトでは、好きなことで起業して、夢を実現したいと、日々奮闘している方たちへ、売上・利益を上げるためのノウハウ・マインド・マーケティングなどを教える『売上コミットアカデミー』『億プラチナプロジェクト』『起業副業スタートアップカレッジ』の運営をしています。

なーーーんていう堅苦しいごあいさつはこれくらいにして（笑）、まずはお礼を申し上げます。

5冊目となるこの書籍を手に取ってくださり、本当にありがとうございます。

いつも書籍を書かせていただく時に、今回はどんな方に向けて何を伝えようかなと想いを巡らせるんですが、この書籍では、毎日のようにたくさんの方からいただくご相談の中でも一番多い

◎好きなこと得意なことを活かして起業したい
◎おうちで起業したい
◎家事育児がある中でも起業したい
◎オンラインで起業したい
◎オンラインの集客方法が知りたい
◎アメブロ・Instagram・LINE・Zoomを活用したい
◎起業したけれど売上につながっていない

◎もっと売上を伸ばしたい
◎年商1000万円以上を達成したい
◎いずれは年商1億円を達成してみたい

こんな方たちのお役に立てる内容をお伝えしていくので、ぜひひとつひとつご自身のことと照らし合わせながら、メモをしたり、章ごとのワークをしたり、実践書としてご活用いただくと、あなたの運命の扉がドバーーーンと開いて、ビュンビュン加速していきますよ♡

実際、私の受講生さんたちは、0から起業して、この書籍に書いてあることを実践していただき、数か月で月商100万円以上、1年で年商1000万円、2000万円、3000万円以上と売上を伸ばされている方たちが150人以上いらっしゃいます。

この受講生さんたちは、何も特別すごい人・・・というわけでもなく、パート勤めをしているごく普通の主婦だったり、家事育児に忙しいママだったり、お勤めをしているOLさんだったり、どこにでもいる方たちです。

年商1億円になるためにやることも、プライベートの時間も無くなるくらい、死に物狂いでやらなきゃいけないことではなく、好きな場所で、好きな時間にできること。とはいえ、もちろんやることをやらずには、この成果は得られないので、それを教えるのが私の仕事ということです。

私自身、時給850円で働いていたパート勤めのシングルマザーでした。そこから、年商1億円なんて、ホントになれるの？　ホントになれるなら、そうなりたい！　と思ったところから、運命の扉が開くことになりました。

そこから数年で年商1億円を連続達成できるようになったのは、扉を開く勇気と覚悟をして、一歩を踏み出したから。

こんな私が、どんなことをしてきて今に至るのか、ということを簡単にわかりやすく年表にもしてみたので、ご覧いただくと、こんなことしてきたんだーと、時系列で

わかっていただけるかなと思います♡

さぁ、今この瞬間から、あなたも一緒に運命の扉を開いていきましょ♪

【本を購入してくださった方限定特典】

LINE公式にご登録いただくと、
こんな特典をプレゼント

LINE公式登録特典

《特典1》
売り込まずに売上アップする
コツがわかる5つの動画

1 売り込まずに売れるようになる
考え方と具体的な3つの行動

2 リピート率・成約率が必ず上がる
心構えと信頼関係の築き方

3 自信を持って商品・サービスの
単価を上げる方法

4 目標売上を達成できる
商品・サービスの価格決めの方程式

5 お客さまに高いと言われない
価格の伝え方

《特典2》
3つの質問に答えるだけ
無料の診断でわかる
あなたのお悩み別
8つの解決策

《特典3》
集客・リピート・価格の
お悩みを一気に解決！
3daysマガジン講座

セミナーやイベントなどの日程、通常は『売上コミットアカデミー』の受講生しか受けられない個別相談のご案内も、こちらのＬＩＮＥ公式アカウントから受け取ることができます。

◇ＬＩＮＥ公式アカウント

◇月商１００万円情報を毎日発信
【Ａｍｅｂａオフィシャルブログ】
https://ameblo.jp/tsudumiofficial
とみたつづみ　アメブロ　で検索！

◇月商１００万円情報を動画でわかりやすく配信
【とみたつづみのＹｏｕＴｕｂｅ】
とみたつづみ　ＹｏｕＴｕｂｅ　で検索！

◇売上アップのノウハウがいっぱい
【売上アップの教科書】
売上アップの教科書　とみたつづみ　で検索！

◇プロフィール

目次

第2章

第3章

第4章

第5章

最終章

第1章

おうち起業をはじめよう

誰でもおうち起業ができる理由

今でこそ、ありがたいことに年商1億円を連続達成することができるくらいまでは、何とかやってくることができた私ですが、そもそもすごい経歴があったり、バリバリとキャリアウーマンを謳歌していたわけではありませんでした。

私の起業年表にも、過去の痛い話が出てきているので、なんとなくご理解いただいているかもですが、ここでちょっとだけ、私が起業前、どんなだったか、お話しさせていただこうかなと思います。

小さい頃から、よく食べる子供で、とにかく食べることが大好き。お菓子とアイスクリームは、ほぼ毎日食べるし、この本の原稿もパソコンに向かって書いていますが、そのおともには、お菓子とアイスクリームは欠かしたことがありません（笑）。もちろん、ごはんもしっかり食べます。どれくらい食べるかというと、一緒にごはんに行くと驚かれるくらい。体がそんなに大きいわけじゃないので、その体でどこに入っていくの？　と必ず言われます。コレは小さい時からで、大人になっても変わらないですね。

そんな食べることが大好きだった私は、高校2年生の時、摂食障害になってしまったことで、不登校になります。今でこそ、スクールカウンセラーさんとかがいたり、心のケアとか、メンタルヘルスとか、無理に学校に行かなくてもいいよとか、そういう風潮ってありますが、私が高校生の時代って、今から35年くらい前の話なので、不登校なんて言葉もなかったです。登校拒否って言われてましたね。

その後、15年間摂食障害に苦しむことになります。

摂食障害とは、うまく食べることができない病気で、拒食症とか、過食症という表現もされるように、拒食や過食といった症状があります。

食べることがうまくできなくなる病気ですが、心の病気。体は健康だけれど、食べることがうまくできないことで、命の危険もあるような、死と隣り合わせの病気でもあります。

今でこそ、心も体も元気な私ですが、この頃は、心も体もズタボロ。できれば早く死にたい……そう思って生きていました。

こんな病気になってしまった私は、家族にも迷惑をかけ、生きていたらいけないんじゃないか、生きている価値もない、この先、治るかどうかもわからない……。

だったらいっそのこと、死んでしまったほうが、迷惑にもならないんじゃないか、そんな風に思っていました。

それでも、信頼できるドクターや、お友達に恵まれて、何とか生かされ、今があるわけです。

そんなこんなありながら、心も体も元気になった私が大好きになったのが、お料理です。

だって、自分で作ったら、美味しいものを好きな時に好きなだけ食べられるじゃないですか（笑）。

どんだけ食いしん坊なんだ！

お友達が家に遊びに来てくれた時には、よく手料理をふるまっていて、ある時、お友達から

「お料理教えて。お料理教室をやってほしい！」

と言われたんです。年表の一番最初にも書きましたが、これが私のおうち起業のきっかけとなるターニングポイントです。

「いやいや私、お料理習ったことないから無理。」

お友達からの依頼に、私はこう答えていました。だって、習ったこともないし、教えたこともないし、できるわけないじゃん……。

「これだけ料理できるなら、絶対できるよ！」

そんな風に何回も言ってくれるお友達のおかげで、考えること数か月、いや、1年くらいは経ったかな。せっかく求められてるなら、やってみよう！　と、思えるようになりました。

そう決めたらすぐにやりたくなって、お料理教室をスタート。

お料理教室を開くことになった私ですが、この時はまだ、起業することなんて、考えていたわけじゃありませんでした。それどころか、早く結婚したい、専業主婦になって、旦那さんに美味しいごはんを作ってあげたい♡そんな甘い夢を描いていたんです♡可愛いでしょ、意外と(笑)。

それでも幸か不幸か、面白いことに私の人生は、起業へと進み始めていきました。

余談ですが、私の知人にすごい能力の方がいて、いろいろと見える人なんだけど、その方曰く、人生において、起業できる道がない人は、起業したいとはならないんですって！

逆をいえば、起業したいと思っているということは、起業の道があるということな

んです。そして、そうなるべく、導かれるものらしいんです。私も導かれたのかなー
なんて、勝手に思ったりしています。

お料理教室にも通ったことがないのに始めた自宅でのお料理教室は、お友達がお友達を連れてきてくれたりして、あっという間に、50名くらいになり、全く関係ないサービス業のお勤めをしながら、月に10日ほど、自宅でお料理教室を開くようになりました。

楽しかったけれど、この時はまだ、専業主婦に憧れていたので、起業したい！　ビジネスをがんばりたい！　とは全然思っていませんでした。

何年かお料理教室を続け、結婚することになりました。お料理教室をしていた実家を離れることになったので、それを機にお料理教室も閉めて、専業主婦を満喫しよう♪　と思ったのもつかの間、夫がギャンブルでの借金を繰り返し、1年で離婚。

独身に戻り、次こそはと思って選んで結婚した相手のはずが、すぐに働かなくなって、言葉と直接の暴力でDV夫に変身という……。

度重なる言葉と直接の暴力が、私だけでなく、生まれたばかりの子供に向けられるようになり、さすがにこんな父親ならいなくていいと、シングルマザーになることを決意。シングルマザーになる覚悟を決めた時、子供はまだ生まれて2か月でした。

離婚もなかなかしてもらえなくて、調停で1年戦い、何とか離婚が成立し、未満児の保育園に子供を預け、月曜日から金曜日までは契約職員として勤務。土曜日は、朝から夕方まで、サービス業のバイト、日曜日は、少しでも子供に貯金ができればと、お料理教室を再スタート。

お料理教室を再スタートさせようと思ったのはいいけれど、前にお料理教室をやっていた時は、お友達にお料理教室をやってと頼まれてのスタートだったので、すでにお客さまがいた状態。

しかも、お友達がお友達を誘ってくれて、いわば口コミだけで集客していたので、再スタートさせるにあたり、どう集客したらいいかもわからない……ってことに気づくわけです。

集客ってどうやったらいいの？

そんな時に、WEBデザイナーをしていたお友達から、

「ブログを書けばいいんじゃない？」

とのアドバイスをもらいました。

でも、ブログって、どう書いたらいいの？　てか、無料で書けるの？　それすごいね！　無料なら、私にもできるじゃん♡

まだスマホとかSNSがなかった時代でしたし、ブログをやっている人も、周りにはいませんでした。

なけなしのお金をかき集めて、ノートパソコンを買い、ブログってものを書くこ

とに。書き方も知らないまま、ブログを書き始めたら、一日のアクセス3（苦笑）。3って……そのうち、たぶん2は、私が見てるんです。でも誰か、私の知らないひとりの人が見てくれている！

そんなことだけでも嬉しくて、毎日毎日アクセスの少ないブログを書き続けること数か月。

ある時、レシピブログのポータルサイトで、私のブログが取り上げられるや否や、アクセス・ランキングが爆上がり！

そのチャンスを逃すことなく、いつもにも増して、ブログに力を入れ、おかげでブログから3000人以上の集客ができるように。

こうして、おうち起業がはじまった私ですが、ここからすんなり今に至るわけではなく、時を経て、紆余曲折あり、コンサルタントとして今に至ります。

◇【売上アップ法】時給８５０円のシングルマザーが好きなことで起業したら売上１億円になった実録ムービー

あなたがもし、おうち起業したいな、おうち起業でこんなことをしてみたいなと思っているなら、私は伝えたいことがたくさんあります。

おうち起業を成功させるためのマーケティング・マインド・ノウハウなどなど、いつも『売上コミットアカデミー』や『億プラチナプロジェクト』の受講生さんたちにもお伝えしていることを、この本で順番にまとめていますので、参考になるはずです♡

じっくりご自身のことに当てはめたり、照らし合わせたりしながら、お読みいただければと思います。

おうち起業の可能性とメリット

年商1000万円以上達成されている受講生さんたちの中でもおうち起業をされている方はたくさんいらっしゃいます。

おうち起業って、通勤時間も交通費もかからないし、テナント料などの家賃もかからないから、とにかく時間と経費を有効に使えるんですよね！　通勤時間って、意外とバカにならないですよ。ドアtoドアで片道1時間かかったとして、毎日往復2時間かかるわけです。2時間あったら何ができるかって考えると、掃除に洗濯、夕飯の準備とか、その分余分に寝ていられるとか考えちゃいません？（笑）事務所や店舗を借りなくて済むので、家賃がかからないのは最大のメリット。

それに今の時代、オンラインで世界中とつながることもできるため、商圏が限られないから、どこに住んでいても、ビジネスができるし、どこに住んでいる方でもお客さまになっていただくことができるから、売上利益もぐんぐん伸ばすことができるんです。おうち起業って、そんなとんでもない可能性がある起業の仕方なんです。

私が最初にはじめたおうち起業のビジネスは、お料理教室だったんですけど、起業初期って、そんなに潤沢に資金がない場合が多いでしょ。私もその一人だったので、自宅でお料理教室やるっていうのは、余分な場所代もかからないから、すごくはじめやすかったです。

コンサルタントのビジネスをはじめた時は、シングルマザーになっていて、家事育児をしながらのビジネスだったので、完全オンラインにしてからは、かなり時間的にゆとりができたし、海外在住の方からも受講いただいて、売上も年商1億円を達成することができました。おうち起業って、あなどれない♡

こんなに可能性があるうえに、リスクって特にないんですよね。だからこそおうち起業って、誰でもはじめやすい。

おうち起業の種類とはじめ方

おうち起業も大きく分けると、オンラインとオフラインがあります。オンラインっていうのは、インターネットを使ったビジネスで、オフラインっていうのは、店舗型のビジネス。

おうち起業でオンラインのビジネスって、どんなものがあるかというと、たとえばダイエットコーチ・婚活コーチ・メンタルカウンセラー・起業コンサルタントなど、ブログやSNS、ネット広告で集客をして、Zoomを使って何かを教えたり、サポートしたりする、そんなビジネスモデルがあります。

この場合、過去の自分が悩んでいたり、こうなりたいと思っていて、それが今、悩みを解決できたり、要望が叶ったことで、その経験やスキルを活かして、過去の自分のように、今悩んでいる人、こうなりたいと思っている人に対して、悩みの解決方法や要望の叶え方を教えたりサポートしたりすることが多いです。

過去のあなたが悩んでいたことを克服できていたり、こうなりたいという要望を叶えられていたりするならば、それをビジネスにすることができます。

では、おうち起業でオフラインのビジネスって、どんなものがあるかというと、たとえばお料理教室やアクセサリー教室、エステサロン、ネイルサロンなど、一緒に作ったり、施術を提供したりする、そんなビジネスがあります。この場合、得意なこと、人から褒められるようなことを商品やサービスとして提供する形になります。

この中でも、料理教室やアクセサリー教室、英会話教室、ヨガ、ピラテス教室など、教室系のビジネスは、オンラインにもできます。エステサロン、ネイルサロンなどのサロン系のビジネスは、そのままではオンラインにはできませんが、セルフケアの仕方を教えるという形にすれば、オンラインにもできます。

こんなことがビジネスになるのかな……なんて思うことも、意外にも新しいビジネスに発展することがあるかもしれないから、おうち起業ってすごい可能性があって、楽しいです♪

おうち起業で成功している人の実例

『売上コミットアカデミー』の受講生さんたちの中には、おうち起業で成功してらっしゃる人たちが、たくさんいらっしゃいます。

その中の一部ですが、こんな人たちの実例が参考になるかなと思うので、ご紹介しますね♡

自己肯定感が低かったダイエットカウンセラー

過去に太っていた頃、周りからの心無い言葉や態度で傷ついたり、自信を無くし、自己肯定感も低く、ご家族ともうまくいっていなかったそうです。

そんな自分がイヤで、変わりたい！　と思い一念発起。正しいダイエットに取り組んだ結果、ただ痩せるだけじゃなく、成果を出すために自分と向き合えたことで、自分のことが認められるようになり、自己肯定感がアップ。

ご家族との仲も良好になり、これを今悩んでいる人たちに広めて、力になりたい！とダイエットカウンセラーになることを決意。

『売上コミットアカデミー』を受講する前にいろいろな起業塾に入り、起業のことを学んでいたけれど、売上は上がらなかったそうです。

それでも絶対諦めたくないと、『売上コミットアカデミー』を受講して、この機会にすべてオンライン化し、おうち起業に。

商品設計、セールス、オンライン集客を学び、集客を仕組化して、年商

３０００万円を超えることができ、なんと経営者の彼までゲット♡
お付き合いを経て、ご結婚された今でも、売上を伸ばされています。

◇どうやって売上を上げたかインタビューしてみました♪

社会不適合と言われていたグラフィックデザイナー育成講師

芸大を卒業後、就職して働くことができないくらいメンタルが弱く社会になじめなくて、グラフィックデザイナーとして起業。

マーケティングを意識したデザインセンスが強み。依頼された広告やパンフレットから、集客などの成果を出すことができるデザイン力で、クライアントさんからの信頼も厚く、年商７００万円くらいの売上を作ることができていたそうです。

そんな彼女は、大手のスクールでグラフィックデザイナーとして学んでいても、スキルが伴わなかったり、デザイナーとして活動していても売上を作れなかったり、そんな人たちにオンラインで教えることで、自分ももっと売上を伸ばしたいなと考えていたそうです。

そしてたまたま私のセミナーに参加したことがきっかけで、私と出会い、売上コミットアカデミーを受講。

受講仲間たちが３か月で月商１００万円を達成していく中で、半年間月商１００万円を達成することができずに、焦って辛くなることもありましたが、持ち

前の粘り強さと素直さで、半年後には月商２００万円を連続達成することができるようになり、年商１０００万円を超えることができました。

『売上コミットアカデミー』も受講を継続し、さらに売上アップを目指されています。ご自身の受講生さんたちもどんどんスキルアップして、売上を伸ばされているそうです。

◇どうやって売上を上げたかインタビューしてみました♪

高校中退シングルマザーのＩｎｓｔａｇｒａｍ講師

ハンドメイド作家として、Ｉｎｓｔａｇｒａｍや通販サイトで自身の作品を販売したり、委託を受けた作家さんたちの作品を販売したりしていました。そんな時、Ｉｎｓｔａｇｒａｍの活用方法を教えてほしいと依頼を受けるようになり、講座をどうやってやったらいいのかと考えるように。

普段本を読むこともないのに、たまたま時間つぶしに入った本屋さんで、平積みになっていた私の書籍を発見。一目でタイトルに惹かれ購入。即、熟読いただき、即、個別相談のお申し込みをいただきました。

モノを売る、ということはできていたけれど、講座を作る、講座を受けたい人を集客する、高額講座をセールスする、という経験は全くなく、やり方がわからないなら、わかる人に教えてもらってやるほうが、早いし確実ということで、売上コミットアカデミーを受講。

Ｉｎｓｔａｇｒａｍからの集客で年商３０００万円を超える売上を作ることができています。そして今では彼女を慕う仲間たちがどんどん増えて、コミュニティーも拡大中です。

◇どうやって売上を上げたかインタビューしてみました♪

元医療従事者の婚活コーチ

辛い恋愛をしていた独身時代を乗り越え、自分自身と向き合い、理想の恋愛、結婚のビジョンを明確にして、その通りの結婚生活を手に入れることができたそうです。

理学療法士としての仕事も大好きで、責任をもって働いていましたが、家族との時間を大事にするために、もっと時間にゆとりがある働き方をしたいと、オンラインのおうち起業を目指されていました。

そんな時に私のことを知り、すぐに売上コミットアカデミーを受講したいとお申し込みいただきました。

やったこともなかったアメブロ・Instagramからの集客、商品作り、セールスなど、私が教えたことを素直に即実践。

３か月で月商１００万円を超えることができ、その数か月後には月商１６５万円も達成することができるようになって、年商１０００万円以上達成することができました。

◇どうやって売上を上げたかインタビューしてみました♪

FPの資格を活かし脱サラした投資・お金の先生

玉の輿に乗れないなら、自分で稼げるようになりたい！ そう思って投資の勉強をして、自身のお金を運用、成果を出していました。

そんな時、たまたま発見したブログで、同級生が起業していることを知り、感化されたそうです。

ブログを熟読すると、売上コミットアカデミーを受講して売上を上げていることがわかり、私を知ってくれました。

地域関係なく、たくさんの人にお金の正しい運用方法を教えたい。ならばオンラインでおうち起業したいということで、すぐに受講したいと私の個別相談にお申し込みいただきました。

今までブログなんて書いたことがなかったそうで、最初はなかなかうまく書けなかったけれど、しっかり添削させていただき、改善点をお伝えすると、みるみるお客さまから反応があるようになりました。

起業して4か月後には月商100万円を達成することができ、年商は1000万円超えになりました。そこからさらに売上を伸ばし、認定講師の育成もがんばられています。

◇どうやって売上を上げたかインタビューしてみました♪

家事育児とビジネスの両立に成功したエステティシャン

美容が大好きで、レンタルサロンを借りて、フェイシャルエステをしていましたが、コロナ禍の影響があったり、家事育児があったりで、常に売上や時間的な悩みを抱えていらしたそうです。

起業塾に入っても、好転することはなく、資金も使い果たし、私のところにご相談に来られた時は、涙を流されていました。

それでも諦めたくないと、『売上コミットアカデミー』を受講。家事育児と両立や売上がない中でレンタルサロン代もバカにならないことを考え、オンライン化しておうち起業のご提案をし、そのためのオンライン集客、商品作り、セールスをご指導いたしました。

最初はうまくいかなくて、一時は諦めそうになったこともありましたが、何回もお話を伺い、メンタル面もサポート。その結果、月商１００万円を達成することができ、起業を反対していたご主人も、今や全面的に応援してくださるようになったそうです。

◇どうやって売上を上げたかインタビューしてみました♪

おうち起業はじめの一歩を踏み出すワーク

◎おうち起業したい理由を書き出してみましょう

◎おうち起業をすると今よりも何が良くなるのか書き出してみましょう

第2章

おうち起業で売上を作るための商品設計

売れる商品と売れない商品の違い

おうち起業を成功させるために絶対的に不可欠なのが、売れる商品を作ることです。なぜなら、売れない商品だと売上を作れないから。売上が作れなければ、当然ビジネスとしてやっていけなくなります。では、売れる商品と売れない商品との違いって、何かってことですよね。

売れる商品と売れない商品の違い、それはお客さまにとって価値があるか無いか、この違いです。だとすると、価値がある商品ってどんな商品なのか、価値がある商品を作れば売れるというならば、どうやって価値がある商品を作ればいいのか、この二点を考えてみましょう。

お客さまはどんな商品がほしい！　やりたい！　と思うんでしょうか。安い商品でしょうか。安ければなんでもいいのでしょうか。違いますよね。

お客さまがほしい！　やりたい！　と思う商品というのは、価値がある商品ですよとお伝えしましたが、ではその価値って何かというと、自分の悩みが解決できたり、要望が叶ったりすること。それが価値で、その価値のある商品がほしい！　やりたい！　と思うんです。

つまりお客さまの悩みの解決ができたり、要望が叶えられる商品を作れば、売りこまずに売れるということです。

世の中で高くても売れている高級車や、ブランドバッグ、ハイクラスなホテルの宿泊やファーストクラスの航空券、高額なアンチエイジングの施術ってありますよね。

これこそが価値で、これらをほしい！　やりたい！　と思うお客さまたちにとって、この商品でしか得られないラグジュアリーな気持ちや体験、ステータス、また、長年悩んでいたコンプレックスを解消できることこそが、価値なわけです。

だからこそ、その価値に見合った価格であれば、高額だろうと、ほしい！　やりたい！　ってなるんです。

なのでお客さまにとっての価値である、悩みの解決やご要望を叶えることができる商品を作ることが、とっても大事ってことがわかりますよね♡

それを作って、その価値を求めている人に提供できれば、間違いなく売りこまずに売れていきます。

売りこまずに売れる商品の作り方

あなたが提供する商品は、どんな悩みやご要望があるお客さまのお役に立ちますか？

もしくは、どんなご要望が叶えられますか？　年齢・性別は？

たとえば、私が提供する『売上コミットアカデミー』は、売上がない、集客ができない、リピートしてもらえない、価格の設定がこれでいいかわからない、何からどうやったらいいのかわからない、などなど、ひとりで悩んでいて、でも、本気で売上を上げたい！　たくさんのお客さまの役に立ちたい！　そんな悩みやご要望がある方のお役に立てる商品です。

これが明確に理解できていないと、誰に向けて、私はこんな商品を提供してますよと、情報発信したらいいかわからないですよね。

売りこまずに売れるためには、求めている人にあなたの商品が届くように、お客さまの悩みやご要望を明確にしたうえで、あなたのお悩みやご要望は、私が提供する商品やサービスで解決したり、叶えたりすることができますよという、情報を届けることが大事なんです。

たとえば、塗るだけでめちゃくちゃ痩せるクリームがあったとして、それを塗れば、ホントにほっそり痩せる、すごく効果のある素晴らしいクリームなんだけど、でもこれ、売れていないとしたら、どこに問題があると思いますか？　ちょっと考えてみてください。とっても簡単なことですよ♡

商品が良くないと、お客さまに喜んでもらえないのは当たり前ですよね。でも残念ながら、いくら商品やサービスが良くても、お客さまに喜んでもらえない、つまり、売れないこともあるんです。

それがこの、痩せるクリームの例。
この痩せるクリームはホントに痩せるのに、なぜ売れなくて、どうしたら売れるようになるんでしょうか。

それは、痩せたいのに痩せられない、最近太ってしまったという悩みやご要望がない人に、塗るだけでホントに痩せるんですよ！　と、どれだけこのクリームの価値を伝えても、痩せたいと思っていない人には、痩せるということが価値にはならないので、当然売れないです。

でも、痩せたいのに痩せられない、最近太ってしまったという悩みを抱えた人、ラクして手間なく痩せたいというご要望がある人に、塗るだけでホントにラクに痩せられるんですよ！　と、このクリームで得られる価値を伝えれば、売れるようになるわけです。

しかも、売りこまずに。だって、悩みが解決できて、要望が叶うわけですから♡

いくら素晴らしい効果がある商品やサービスでも、その商品やサービスで得られる価値を求めていない人にとっては、価値はなくて、その商品やサービスで得られる効果に対しては、すごいね！　とは思ってもらえるけれど、その商品ほしい！　そのサービス受けたい！　とは思ってもらえないってことなんです。

せっかく素晴らしい効果のある商品なのに残念すぎますよね……。

私のサービスでもある、『売上コミットアカデミー』『億プラチナプロジェクト』でも同じこと。

『売上コミットアカデミー』では、売上が上がらなくて悩んでいらっしゃる方へ、月商100万円、年商1000万円達成するためにはどうしたらいいかということを『億プラチナプロジェクト』では、年商1000万円くらい達成できたけれど、そこから伸び悩んでいる、組織を作りたい方へ、年商5000万円、1億円を達成するためには、どうしたらいいかということを教えているので、それを求めている方には価値があるサービスだと思うんですが、そもそも、そう悩んでいたり、そうなりたいと思っていたりしなければ、求めていないということなので、価値がないってことになります。

お客さまの悩みの解決ができたり、ご要望を叶えることができたりする商品を作って、その商品やサービスで得られる価値を求めているお客さまに提供していけば、売りこまずに売れるということが、わかりましたね♡

※私のビジネスの場合、どういう商品を作ったら売りこまなくても売れるのか、ということを相談されたい方は、詳しくビジネスモデルを伺ったうえで、的確なアドバイスを無料でいたします。

ご希望の方は、こちらのLINE公式にご登録いただき、お問い合わせください。

ご登録いただきますと、売りこまずに売れるための5つの動画や、お悩み別８つの解決策がわかる無料診断、そして集客・リピート・価格の悩みを解決する3daysマガジン講座も無料で受け取っていただけます。

LINE公式登録特典

《特典1》

売り込まずに売上アップする
コツがわかる5つの動画

1 売り込まずに売れるようになる
考え方と具体的な3つの行動

2 リピート率・成約率が必ず上がる
心構えと信頼関係の築き方

3 自信を持って商品・サービスの
単価を上げる方法

4 目標売上を達成できる
商品・サービスの価格決めの方程式

5 お客さまに高いと言われない
価格の伝え方

《特典2》

3つの質問に答えるだけ
無料の診断でわかる
あなたのお悩み別
８つの解決策

《特典3》

集客・リピート・価格の
お悩みを一気に解決！
3daysマガジン講座

見込客が集客できる商品の作り方

売りこまずに売れる商品ができたら、次にやることがあります。それは、見込客を集めるための商品を作ること♡

え？　売りこまずに売れる商品があれば、見込客が集まるんじゃないの？　売りこまずに売れる商品と、見込客を集める商品は違うの？？？

と、思われた方、大正解！　そう違うんです。全く違うし、両方必要で、それぞれ目的が違うので、どちらか片方でも売上は上がらないんです。ココを理解しておかないと、残念ながらうまくはいきません。

じゃぁ、何が違うのかってことをお伝えしていきますね！

売りこまずに売れる商品というのは、お客さまの悩みの解決やご要望を叶えることができる価値があるわけだから、それなりの価格になります。高単価の商品になるということです。

たとえば、ブログやSNSなど、どこかであなたの商品を知ったお客さまが、いきなり高単価な商品を、ほしい！　やりたい！　とご購入してくれるわけではありません。

なぜなら、ホントに自分の悩みの解決ができるのか、要望が叶えられるのか、確信が持てないのに、高額なお金を支払いたいと思わないでしょ。

興味を持ってくれて、ホントに自分の悩みの解決ができるのか、要望が叶えられるのか、試してみたいとか、まずは話を聞いてみたいとか、そう思いますよね。ホントに自分の悩みの解決ができるのか、要望が叶えられるのか、試せたり、相談したりできる商品が、見込客を集めるための商品になります。

売りこまずに売れる商品と、見込客を集めることができる商品は、それぞれ目的が違うことが理解できましたね♡

売りこまずに売れる商品の目的は、お客さまのお悩みの解決やご要望を叶えるものであり、かつ、売上・利益を作ること。

そして、見込客を集めるための商品は、売りこまずに売れる商品で得られる価値と、お客さま自身が求めている価値が合っているかを確かめたいと思っていただける人を集客するためのもの。

こんな風に目的が全然違うんです。

※私のビジネスの場合、具体的にどうしたらいいの？　ということを相談されたい方は、詳しくビジネスモデルを伺ったうえで、的確なアドバイスを無料でいたします。

ご希望の方は、こちらのLINE公式にご登録いただき、お問い合わせください。

ご登録いただきますと、売りこまずに売れるための5つの動画や、お悩み別８つの解決策がわかる無料診断、そして集客・リピート・価格の悩みを解決する3daysマガジン講座も無料で受け取っていただけます。

LINE公式登録特典

《特典1》
売り込まずに売上アップする
コツがわかる5つの動画

1 売り込まずに売れるようになる
考え方と具体的な3つの行動

2 リピート率・成約率が必ず上がる
心構えと信頼関係の築き方

3 自信を持って商品・サービスの
単価を上げる方法

4 目標売上を達成できる
商品・サービスの価格決めの方程式

5 お客さまに高いと言われない
価格の伝え方

《特典2》
3つの質問に答えるだけ
無料の診断でわかる
あなたのお悩み別
８つの解決策

《特典3》
集客・リピート・価格の
お悩みを一気に解決！
3daysマガジン講座

目標売上を達成する価格設定の方程式

おうち起業をして、末永く継続していくためには、しっかり売上を作っていくということが大事で、そのためには売れる商品を作ることが不可欠ですというお話をしましたが、じゃ、その商品の価格って、どうしたらいいの？　ってことについてお話ししていきますね。

売れる商品というのは、お客さまの悩みの解決ができたり、ご要望を叶えることができたりしないといけないわけなんだけど、もうひとつ大事なことが、その商品を売ることによって、目標売上を達成できるのか、ということ。

どんな商品を作りたいかの前に、どれだけの売上を作りたいかということを考えて、商品を作っていかないと、おうち起業で目標売上を達成することが難しくなるんです。

なぜなら、おうち起業というのは、主にひとり起業家さんとしてやっていると思うので、ということはマンパワーなので、ひとりで目標売上を達成していくためには、商品の価格、客単価が、カギになってくるからです。

たとえば、ひとつ1万円の商品を提供して月商100万円を達成しようと思ったら、月に100件ご契約をいただかないと達成できないですよね。

かたや、ひとつ10万円の商品だったら、月に10件ご契約をいただければ、月商100万円は達成できます。1万円の商品を月に100件ご契約いただくのと、10万円の商品を月に10件ご契約いただくのと、どちらが難しいかというと、1万円のものを100件のほうなんです。

なぜなら、それだけたくさんの人を集客しないといけないから。しかも100件ご契約いただいたとして、教える仕事を提供している場合、その100件をおうち起業でこなせるかということも考えないといけないわけです。

このことからもわかるように、客単価が低い商品にしてしまうと、月商100万円は達成し辛いということがわかると思います。私は月商100万円、年商1000万円を達成しなくてもいいんです！　ということならそれでもいいんですが、大事なのはご自身の売上目標がいくらで、それを達成するためには、いくらの単価の商品を作って、提供していく必要があるのかということが、理解できているかということです。

売上目標が月商100万円だろうとそうでなかろうと、売上目標を達成するためには、そのための価格設定の方程式があるので、それに基づいて、商品の価格設定をして、それに見合った中身にしていく、この順番で商品を作っていきましょう。

先に商品を作って、価格を決めるんじゃないんですよ♡意外ですか？

商品の価格設定の方程式は、

目標売上÷（1か月の可能可動枠数×0・8）＝一枠単価

まずご自身が1か月に何枠お仕事ができるかということを出してみましょう。

そしてその可能可動枠数に、0・8をかけます。

なぜかというと、その可能可動枠数にすべて、お仕事が入るとは限らないから。お客さまの都合もあるし、100%集客できないこともあるでしょうから。8割お仕事が入れられるとしての0・8です。

それを目標売上で割る。そうすると、一枠の単価がいくらになるかが出ます。この方程式で出た一枠単価よりも低い一枠単価だと、目標売上は達成できないということになります。

目標売上を下げて、商品の一枠単価をそのままの金額でいくのか、一枠単価を上げて、目標売上を達成するのか、どちらでもいいけれど、おうち起業を成功させるためには、商品を作ってから、この商品いくらにしよう……ではなく、売上目標を達成するためには、価格設定の方程式に基づいて商品の価格設定をし、そしてお客さまの悩みの解決やご要望を叶えることができる商品内容にしていくことが大事なんです。

こんな風に作っていけば、高単価でも売りこまずに売れる商品が作れますよ！

でもつづみさん、高単価のものってなかなか売れなくないですか？　おうち起業している私が提供できる商品って、そんなラグジュアリーなものでもないし、高級車やブランドバッグのような有名なものじゃないから、難しいのでは？

なーーーんて思ったりしていませんか？

そんな方には、高単価でも売りこまずに売れる、コンセプトとターゲットのしぼり方についてお話ししていきますね♡

コンセプトとターゲットの決め方

たくさんの人に商品を知ってもらったほうが、たくさんの人を集客できるし、売上が上がるんじゃないか、そう思っていませんか？

もちろんたくさんの人に商品を知ってもらうほうが認知度も上がり、集客が増えて、売上も上がります。だから間違いではありません。

でもここで大事なのが、『誰に』商品を知ってもらい、『誰を』集客していくと、売上が上がるのかということです。

誰でもいいから、たくさんの人に知ってもらっても、集客しても、残念ながら売上は上がらないので、『誰でも』いいからたくさんの人ということであれば、たくさんの人に知ってもらう意味がないんですね。

では、あなたの商品を誰に知ってもらい、誰を集客したらいいのか。そのためのコンセプトと、ターゲットを決めていくことがすごく大事になってきます。

コンセプトというのは、世の中に認知されるための考え方や骨組みになるものです。

理念であったり、お客さまの悩みであったり、USP（※）であったり、こういうことを明確にしていくことが、あなたの商品が『誰に』『どんな風に』役に立てるのかを決めるもとになってきます。つまり、ターゲットが決まってくるということです。

※USP（Unique Selling Proposition）とは、あなたの専門性を伝えるもの

価値というのは、お客さまによって違います。

たとえば、痩せたいと思っている人には、食べても必ず痩せるダイエット指導はすごく価値があるし、毛穴の黒ずみに悩む人には、黒ずみがキレイになるエステはとても価値がありますよね。

でも、痩せたいと思っていない人、毛穴の黒ずみに悩んでいない人にとっては、どうでしょうか。

ホントに痩せるし、ホントに毛穴の黒ずみはきれいになるんです！　と伝えても、ほしい！　やりたい！　となるでしょうか。

残念ながらならないですよね。すごいですね！　いい商品なんですね！　と思われるだけです。

だとしたらご購入・ご契約はしていただけないので、当然売上にはつながりません。

売上につながらないということは、おうち起業の成功はないということです。

あなたの商品に対して価値を感じられるお客さま、つまりあなたの商品を利用することで、お悩みの解決ができたり、ご要望を叶えることができたりするお客さまがターゲットということです。

実際に売れている商品の事例

月商100万円、年商1000万円の売上を達成することができて、おうち起業を成功されている売上コミットアカデミーの受講生さんたちの商品の事例が、とても参考になると思うのでご紹介しますね♡

自己肯定感ダイエットカウンセラー

自信がない、自分を好きになれない、そんな自己肯定感が低い女性が自己肯定感を上げることで、自分を自分で満たし、無駄食いを無くせるようになる、オンラインと独自の経験に基づいた資料を使った、3か月のカウンセリング。

講師としておうち起業したい方へ向けた認定講師の講座もオンラインで運営。

姿勢改善ダイエットコーチ

猫背や巻き肩でスタイルが悪く見えていたり、代謝が下がっていたりする女性へ、姿勢を正し、ゆがみや痛みを改善することで、体幹バランスが整いスタイルよく痩せるというコンセプトで、動画やオンラインを使った独自の体幹トレーニングを3か月サポートするダイエットコース。

講師としておうち起業したい方へ向けた認定講師の講座もオンラインで運営。

自分をごきげんにする婚活コーチ

マッチングアプリで結婚をした経験を活かし、どんな人とどんなお付き合いをしたいか、どんな結婚生活を送りたいかなどを明確にして、自分がごきげんでいられるための婚活を指導。マッチングアプリを利用している、または活用したい女性へ、マッチングアプリでの出会い方、コミュニケーションの取り方、次回のデートにつなげるノウハウなどをオンラインで6か月サポートする婚活コーチング。

夫婦仲改善コーチ

ご主人から離婚を切り出されたことがきっかけで、ご主人への接し方を見直し、夫婦関係を修復できた経験から、関係が冷め切っている女性へ、ご主人との関係修復、再構築、考え方、接し方をオンラインで3か月サポートする夫婦仲改善コーチング。

スピリチュアル起業コンサルタント

スピリチュアル起業で月商100万円を達成した経験を活かして、スピリチュアル起業したい女性起業家や売上に悩むスピリチュアル起業家へ、スピリチュアルの技術指導、集客ノウハウなどをオンラインで6か月コンサルティング。

おもてなし盛りつけ料理教室

運営する料理教室のウリは、とにかく華やかな盛りつけ。そこをコンセプトに、お料理を教えるのではなく、盛りつけ方を教え、華やかな盛りつけで集客を増やしたい料理教室の先生や、毎日のお料理をきれいにも盛り付けたい主婦の方へ、家にある食器や小物でおしゃれにできる盛りつけ方を動画やオンラインで6か月指導する講座。

料理教室講師としておうち起業したい方へ向けた認定講師の講座もオンラインで運営。

小顔セルフケアエステ講座

コロナ禍でエステサロンの経営が難しくなり、家事育児との両立も悩んでいたためオンライン化。年齢を重ね、たるみやむくみで顔の輪郭がくずれたり、顔が大きくなったと感じる女性へ、骨格矯正やたるみ、むくみ改善のセルフケアを動画とオンラインで3か月間指導する講座。

小顔セルフケア講師としておうち起業したい方へ向けた認定講師の講座もオンラインで運営。

※私のビジネスの場合、具体的にどうしたらいいの？　ということを相談されたい方は、詳しくビジネスモデルを伺ったうえで、的確なアドバイスを無料でいたします。

ご希望の方は、こちらのLINE公式にご登録いただき、お問い合わせください。

ご登録いただきますと、売りこまずに売れるための5つの動画や、お悩み別８つの解決策がわかる無料診断、そして集客・リピート・価格の悩みを解決する3daysマガジン講座も無料で受け取っていただけます。

LINE公式登録特典

《特典1》
売り込まずに売上アップする
コツがわかる5つの動画

1 売り込まずに売れるようになる
考え方と具体的な3つの行動

2 リピート率・成約率が必ず上がる
心構えと信頼関係の築き方

3 自信を持って商品・サービスの
単価を上げる方法

4 目標売上を達成できる
商品・サービスの価格決めの方程式

5 お客さまに高いと言われない
価格の伝え方

《特典2》
3つの質問に答えるだけ
無料の診断でわかる
あなたのお悩み別
８つの解決策

《特典3》
集客・リピート・価格の
お悩みを一気に解決！
3daysマガジン講座

売れる商品が作れるワーク

◎あなたが得意なこと、人から褒められるようなことはなんですか。

◎あなたがサポートしたり、提案することで解決できる悩みや叶えられるご要望は、どんなことですか。

第3章

売るのが苦手な人でも売れるセールス

売れる人と売れない人の決定的な違い

どれだけいい商品を作っても、その商品を売っていかないと、売上にはなりません。

どれだけいい商品でも、売る人によって、売れたり売れなかったりする現実があります。

すごくいい商品なのに、同じ商品を売っているのに、売れる人もいるのに、売れない人もいる。なぜでしょう？　売れる人と売れない人には、決定的な違いがあるんです。

売れる人と売れない人の一番の違いは、本当にこの商品売れるのかなー……高単価のものは売れないいんじゃないか……こんな高単価の商品を提案したら嫌がられるんじゃないか、という風に売ることへのブロックがあるか、無いかです。

ドキっとした人、ガチガチにブロックありますね♡そのままだとどれだけいい商品でも、ぜーーーったい売れません……ショックですよね。せっかくいい商品を作ったのに。

どうしたらそのブロックを外せるんでしょう？　外せるものなら外したいですよね！　大丈夫です。外せますよ。

そのためには、そもそもビジネスというものが、どういうものなのかという原点に立ち戻ってみましょう。

ビジネスとは、お客さまや世の中の役に立つこと。三方良し、四方良しでないと発展、継続はアリマセンよと言われています。

お客さま良し、世の中良し、自分も良し、そしてお客さまの先のお客さまやエンドユーザーであったり、その周りのお友達やご家族であったりも良しと、三方、四方がみんな良しとならないと、ビジネスは発展して、継続していかないですよという教えです。

もしあなたがお客さまだとして、お客さまに対して何とかしてこの商品を売りたい、買ってもらいたい、契約してもらいたい、そしたらコレだけ売上が上がる！　というマインドで商品をご提案してくる人と、この商品ならお客さまが悩んでらっしゃることが解決できるし、ご要望が叶えられるから、自信を持って勧められる！　というマインドで商品をご提案してくる人と、同じ商品をご提案されるとしたら、どちらのマインドの人から購入・契約したいですか？　答えは、言わずもがなですよね。

こういうマインドが売れる人と売れない人の決定的な違いになってきます。マインドってこういうことですよ。

絶対売れる♪できるできる〜って思えばできるから大丈夫！　ってのがマインドじゃないですからね♡

セールスなしでも売れるマーケティング

どれだけ価値があるいい商品でも、その価値を感じるお客さまに提供しないと売れません。

そのためには、あなたの商品に価値を感じてくれるお客さまは、どんな人なのかということを明確にしていく必要があります。

どんな悩みがあって、どうなりたいと思っていて、どんな言葉が響いて、情報をどんなものから得ているのか、こういうことをひとつひとつ明確にしていくことがマーケティングです。

マーケティングは、セールスを不要にすると言われていて、マーケティングができるとなんでも売りこまずに売れるようになるんです。

このマーケティングというのは、商品作りで『誰に』向けた『どんな』商品を作るのかというターゲットを決めていく時にも重要だったように、セールスにも重要になってきます。

誰に向けたどんな商品を『どこから』情報を得ている人へ『どんな言葉』を使って提案していくのかという、このマーケティングができていれば、セールスなしで売れます。

たとえば、足腰が弱ってきたなと悩んでいる80歳のおばあちゃんに向けて商品を提供したい場合、このおばあちゃんは、Ｉｎｓｔａｇｒａｍから情報を得たりするのでしょうか。筋肉が鍛えられて、早く走ることができるようになる！　という言葉に惹かれるのでしょうか。

それよりも、病院帰りに立ち寄る喫茶店に置かれたチラシであったり、来年の春もお孫さんと楽しい旅行を楽しむためには、足腰が大事！　という言葉や内容であったり、といったことのほうがおばあちゃんに情報が届くし、商品の価値が響いたりするんじゃないでしょうか。

セールスを不要にするポイントは、コレ私のことだ！　私、こうなりたい！　と、思ってもらうことです。

そして、そう思ってくれる人たちに、この商品はまさにあなたのためにあるものですよ！　あなたの悩みを解決できるし、叶えたいことが叶えられますよ！　という情報を届けることです。

あなたから買いたい！　契約したい！と言われる会話術

いい商品を提供しているのに、売れる人と売れない人の違いは、お客さまの悩みを解決するために、この商品を勧めたいというマインドで提案しているか、何とかしてこの商品を売りたい、買ってもらいたい、契約してもらいたい、そしたらコレだけ売上が上がる！　というマインドで商品をご提案しているか、このマインドですよということをお伝えしましたが、売れる人というのは、お客さまとの会話も違います。

いくら商品が素晴らしいからといって、その商品の成分であったり、使い方やカリキュラムであったり、想いであったり、そこをいきなり伝えません。

そんなことをいきなり伝えられても、お客さまは売りこまれているとしか思わないです。売りこまれていると思われた瞬間、絶対に売れません。

せっかくいい商品なのに売れないんです。いい商品なんだから、アピールしないと売れないいんじゃないですか？　そう思われるかもしれませんね。確かにアピールすることはとっても大事。せっかくいい商品を作ったんですもん、どんどんアピールしたいですよね。

でもその前に、まずはお客さまがどんな悩みを抱えていて、その悩みを抱えるに至った経緯であったり、今までどんな思いをされてきたかであったり、解決してどうなりたいかであったり、そこを伺いましょ♡

それからじゃないと、この商品はこんなに素晴らしいんです！　あなたにおススメですよ！　と言われても、素晴らしい商品なのはわかりましたけど、私におススメなんて、なんでそんなことがあなたにわかるんですか？　と思われてしまいます。

なぜなら、お客さまのお話を伺っていないから。自分が伝えたいことだけ伝えているからです。

お客さまが伝えたいことを受け取っていないのに、自分が伝えたいことだけは受け取ってほしい！　そんな自己中な人から、お客さまは買いたい！　契約したい！　と思うわけがないんです。

まずはお客さまが伝えたいと思っていることを伺いましょう。

ただ、ハイ、伺いますので話してくださいねでは、もちろんお客さまは、あなたに伝えたいと思わないわけです。この人に話を聞いてもらいたい、伝えたいと思ってもらえるようにするにはどうしたらいいか、どうしたら信頼してもらえるのか。

それはお客さまがお話ししやすいように、伝えやすいように、アシストするような会話をすることです。

質問であったり、投げかけであったり、この人に話すと、自分のことをよくわかってもらえる！　そんな会話ができると、信頼してもらうことができます。

でもそんな会話術、ハードルたかっ！　って思いますよね（笑）。

この会話術をマスターするには、ちょっとしたコツがあって、それはとにかくお客さまのことを詳しく知りたい！　力になりたい！　と強く思うことなんです。

わかりやすくたとえると、この人いいなー、素敵だなー仲良くなりたいなーと思ったら、その人のことを深く知りたくなりますよね。

どんなものが好きなんだろうとか、なんでそれが好きなんだろうとか、お休みの日は何をしているんだろう、どこへ行ってきたんだろう、なんでそこに行ったのかな、誰と行ったのかなって、どんどん知りたくなるじゃないですか。

そんな人が何か悩んでいるなんて聞いたら、何を悩んでいるのか、なぜ悩んでいるのか、どうしたいのかとか、もう必死になるでしょ（笑）。それと一緒ですよ！

でもこの時に気を付けたいことがあって、それは目的を見失わないこと。

目的は、お客さまのお悩みの解決やご要望を叶えるためには、この商品が一番いいですよということを理解してもらうことです。

そのためには、ただただお話を伺っているだけではダメ。

質問をして、お悩みやご要望を伺っているだけではなく、そのお悩みを解決したり、ご要望を叶えたりしてくためには、この商品が私には一番合っているのかも、という気づきを与えることが必要です。

コレはちょっと頭を使います。簡単にこうしたら今すぐできるよと、お伝えしてできるものではないかもしれませんが、意識して行っていくことで、できるようになってきますよ♡

※本気でおうち起業を成功させたい! という方は、詳しくビジネスモデルを伺ったうえで、的確なアドバイスを無料でいたします。

ご希望の方は、こちらのLINE公式にご登録いただき、お問い合わせください。

ご登録いただきますと、売りこまずに売れるための5つの動画や、お悩み別8つの解決策がわかる無料診断、そして集客・リピート・価格の悩みを解決する3daysマガジン講座も無料で受け取っていただけます。

LINE公式登録特典

《特典1》
売り込まずに売上アップする
コツがわかる5つの動画

1 売り込まずに売れるようになる
考え方と具体的な3つの行動

2 リピート率・成約率が必ず上がる
心構えと信頼関係の築き方

3 自信を持って商品・サービスの
単価を上げる方法

4 目標売上を達成できる
商品・サービスの価格決めの方程式

5 お客さまに高いと言われない
価格の伝え方

《特典2》
3つの質問に答えるだけ
無料の診断でわかる
あなたのお悩み別
8つの解決策

《特典3》
集客・リピート・価格の
お悩みを一気に解決!
3daysマガジン講座

売れている人が意識してやっている3つのこと

『売上コミットアカデミー』や『億プラチナプロジェクト』の受講生さんたちにも、いつもお伝えしていることですが、これができている人は、ちゃんと売れていきます。

逆にコレができていないと、どれだけノウハウを身につけても、どれだけ必死にやることをこなしても、売れないし、ビジネスはうまくいきません。

それくらいめちゃくちゃ大事なことが3つあるんです。お伝えするので心して聞いてくださいね♡心の準備はOK？

まず1つめ。
それは、できない理由にフォーカスしないこと。

時間がないからできない、経験がないからできない、お金がないからできない、できるかわからないから……と、できない理由にフォーカスしているうちは、ぜーーーーったいにできるようにはなりません。

だって、できないって決めてるからね。
できなくてもいいことなら、できないと決めていればいいんです。時間がないから、経験がないから、お金がないから、だからできない、できなくていい。それならいいんですよ。

でもそれなら悩んでないし、そもそもできるようになりたいと思ってないから、いいじゃないですか、それで。

でも、できるようになりたかったら、できないことにフォーカスせず、できるやり方を見つける。コレ！（どやっ笑）

時間がない、経験がない、お金がない、どれもできない理由としてはもっともな理由だし、確かにできるようにするためのハードルは上がりますよね。

でもできるようになりたいなら、やるしかなくないですか？

できるようになるためには、どうしたらいいんだろう？　時間がない、経験もない、お金もない、そんな私でもできるようになりたいから、そのためにはどうしたらいいんだろうって、できるやり方を見つけていけば、必ずできるようになるんですよ♡

だから大丈夫。

なんでそんなことが言えるのかっていうと、過去の私がそうだったからです。

未満児をかかえたダブルワーク、トリプルワークのシングルマザー。時間も、お金もなくて、時給８５０円でパート勤めして、大した経験もない、そんな私でも、どうしてもビジネスが、できるようになりたかったんです。

たくさんのお客さまに選ばれて、喜んでもらって、どうしても売上を上げたかったんです。

だからどうしたらできるようになるんだろう、ということしか考えなかったです。

もちろん、うまくいかないことのほうが最初は多くて、あれもこれもうまくいかないという現実に打ちのめされて、毎日のように泣いていた時もありました。

それでも、できるようになりたかったんです。

だから、どうしたらできるようになるんだろうということにフォーカスして、できるやり方を見つけてきました。

できないことにフォーカスせずに、どうしたらできるようになるんだろうということにフォーカスして、できるやり方を見つけていけばいいんですよ♡

そして2つめ。

それは、いかなる時も常にお客さまファーストということです。

お客さまにとって、本当にいいこと、本当にお客さまのためになることをしていくということが、お客さまファーストです。

お客さまファーストとは、お客さまの言いなりになって、あなたが我慢して、振り回されることではありません。安心してね。

本当の意味でのお客さまファーストは、時にはお客さまにとって、耳が痛いことを言わないといけないこともあります。

たとえば、私も受講生さんたちのことを思えば、時には厳しいこともお伝えしないといけない時もあります。

なぜなら私は、受講生さんたちが売上を上げるためにはどうしたらいいか、受講生さんたちに教えることを担っているから。

受講生さんたちに優しく耳障りがいいことだけを伝えるのが仕事じゃないし、それでは私に高額の受講費を支払っている受講生さんたちが、自分のなりたい未来を叶えることができないから。受講費がもったいないし、それでは申し訳ないからです。

同じように、このお客さまが、『売上コミットアカデミー』に入ってくれたら、私の売上が上がる場合でも、『売上コミットアカデミー』に入ることで、そのお客さまの売上が上がることにつながらないということであれば、『売上コミットアカデミー』を勧めるようなことはしません。

コレがいかなる時もお客さまファーストということです。

そして最後3つめ。
それは、素直に実践、大量行動ということです。

今までの実績やデータから、おうち起業を成功させるため、売上を上げるためには、こうしたほうがいいよということを教えてもらったのであれば、それを素直に実践するということです。

自分はそう思わない、私はこうしたいではなく、おうち起業を成功させるためには、どうすることが一番いいのかということを理解し、素直に実践するのが、一番確実に成功できますよということです。

そして、早く、たくさん成果を出したいと思うならば、早くたくさんやる！　コレです。

この3つ、おうち起業がうまくいっている売上コミットアカデミーの受講生さんたちも、私も、意識してやってきたことだし、今もやっています。

私、周りで成功されている経営者の方から、サクセスストーリーを伺うのがすごく好きなんですけど、その方たちのお話からも、この3つをやってこられたんだなと思うことばかり。

成功されている方たちみなさんがやっていることなら、その通りやれば、あなたのおうち起業も成功すると思いませんか？

※本気でおうち起業を成功させたい! という方は、詳しくビジネスモデルを伺ったうえで、的確なアドバイスを無料でいたします。

ご希望の方は、こちらのLINE公式にご登録いただき、お問い合わせください。

ご登録いただきますと、売りこまずに売れるための5つの動画や、お悩み別8つの解決策がわかる無料診断、そして集客・リピート・価格の悩みを解決する3daysマガジン講座も無料で受け取っていただけます。

LINE公式登録特典

《特典1》
売り込まずに売上アップする
コツがわかる5つの動画

1 売り込まずに売れるようになる
考え方と具体的な3つの行動

2 リピート率・成約率が必ず上がる
心構えと信頼関係の築き方

3 自信を持って商品・サービスの
単価を上げる方法

4 目標売上を達成できる
商品・サービスの価格決めの方程式

5 お客さまに高いと言われない
価格の伝え方

《特典2》
3つの質問に答えるだけ
無料の診断でわかる
あなたのお悩み別
8つの解決策

《特典3》
集客・リピート・価格の
お悩みを一気に解決!
3daysマガジン講座

売りこまずに売れるようになるワーク

◎あなたが集めたいお客さまは、どんなもので情報を得ていて、どんな言葉が響きますか。

◎どんな風に伝えると、お客さまにあなたの商品をほしい！　やりたい！　と思ってもらえますか。

第4章

理想のお客さまが集まる集客

理想のお客さまを明確にする

売れる商品を作って、売りこまなくても売れるセールスが理解できたら、いよいよ集客です。

集客で一番大事なことは、誰を集客するのかということです。誰でもいいから集客したいではなく、あなたの商品を利用することによって、悩みの解決ができたり、要望を叶えることができる人を集客していかないと、あなたの商品をほしい！　やりたい！　とは思ってもらえないので、売れません。

売れなければ、おうち起業で年商１０００万円は到底叶えることができないですよね。

なので、誰を集客したらいいのか、どんな人のお悩みを解決できたり、ご要望を叶えられたりするのか、そこを掘り下げて明確にしていきましょう。

お客さまが、あなたの商品で解決できるお悩みや、叶えられるご要望は、どんなことですか？

日々どんなものから情報収集をしていて、なぜその悩みを解決したり、ご要望を叶えたいと思っていて、どうなりたいと思っているのか、ということを、普段お客さまが使うような言葉で書き出してみるといいですよ。

理想のお客さまを集客できるコツとポイント

あなたの商品をご購入・ご契約いただくことで、お悩みの解決やご要望を叶えられるようなお客さまは、あなたの商品の何を知ると、ほしい！　やりたい！　となるか、わかりますか？

商品の詳しい成分であったり、カリキュラムであったり、サポート内容であったり、金額であったり、もちろんこういうことも、あなたの商品を購入・契約するかしないかの判断材料にはなります。

でも、ほしい！　やりたい！　と心が動くのかといったら、そうじゃないです。

そもそもお客さまはどういう時に、その商品がほしい！　やりたい！　と思うのでしょうか。購買意欲がかき立てられる時って、どんな時なんでしょう。

今この本を読んでくださっているあなたもきっと、スーパーや小売店でお買い物をされた経験って、ありますよね。

最近だと、ネットショップもたくさんあるので、ネットでお買い物をされたことがある方も多いと思います。

お店もネットショップも、購買意欲がかき立てられるように、商品が陳列されたり、紹介されたりしているんです。

適当に並べているだけじゃないんですね。ほしい！　やりたい！　ってなるように、しっかり計算して並べられています。

ついつい、買うはずじゃなかったものまで、余分に買ってしまった……なんてことないですか？

私なんて、スーパーに卵だけ買いに行ったはずなのに、なぜか袋いっぱいのものを買って帰ってきた、なーーーんてことは、よくあります（笑）。

特にスーパーは危険です！

どうせ食べるしね、この食材があれば家にあるこの食材と一緒にこんなメニュー作れるな、あっても無駄にはならないしなって、かごに入れちゃうんですよね。

ハイ！　ここで気づきましたか？

商品を買う時の購買意欲。

商品の成分、金額とかじゃないんですよね。

確かに、健康や美容の意識が高い人は、成分も気にはなるし、経済観念がある人ならば金額も確認はするけれど、成分さえ納得できたら、金額さえ安かったら、なんでも購入するわけじゃないですよね。

だからほしい！　やりたい！　って、まず購買意欲がかき立てられるのは、成分とか、カリキュラムとか、サポート内容とか、金額とかじゃなくて、この商品を利用すると私はどうなるのか、どんなものが得られるのか、ということが、お客さま自身でイメージできた時なんです。

どうせ食べるしな、この食材があれば家にあるこの食材と一緒にこんなメニュー作れるな、あっても無駄にはならないしなって、私自身が勝手にイメージして、かごに入れちゃってるわけです。

こんな風に、あなたの商品をお客さまに知っていただくための情報発信で、この商品を利用すると、どうなることができて、どんなものを得られるのか、つまり、こんな悩みが解決できて、こんな要望が叶えられて、そしたらこんな風になれるし、こんなことが得られるよね！　いうことを、お客さま自身にイメージしてもらえるようにすることが大事ってことです♡

じゃ、お客さま自身にイメージしてもらうためには、どうしたらいいかってことですよね。

あなたがお客さまとだして、お店やネットショップで、どういう状況だと、この商品を利用したら、こんな悩みが解決できて、こんな要望が叶えられて、そしたらこんな風になれるし、こんなことが得られるよね！　とイメージすることができますか？

それは、美味しそうなパッケージだったり、まさに今の私じゃん！　って思えるようなキャッチーなコピーだったり、実際利用したお客さまのレビューや体験だったり、感想だったり、そういうものを見たりした時に、この商品を利用すると、もしかして私も、こんな悩みが解決できたり、こんな要望を叶えられたりできるのかな、そしたらこんな風になれたり、こんなことが得られたりするよね！　とイメージすることができませんか。

そしたらもうその時には、かごに入れたくなっちゃってるし、ポチりたくなってますよね（笑）。

ということはですよ、あなたの商品を認知していただくための情報発信で、しっかりその部分を見せていけば、あなたの商品をほしい！　やりたい！　と思ってもらえるような理想のお客さまが集まってくるということです。

理想のお客さまから選ばれるキャッチコピーと肩書

いくらあなたの商品が、お客さまのために役に立つもの、求めているものだったとしても、そのホントのところは、体験してみてからじゃないと、わからないから、見込客を集めるための商品を作りましたよね。

でも体験してもらうためには、このサービスを受けたら、私の求めていることが手に入りそう♡と思ってもらわないと、いけないわけです。

では、お客さまにどうやって選んでもらえるようにするのかってことですよね。

選んでもらうために大事なことのひとつに、キャッチコピーというものがあります。

わかりやすい例でいうと、

『お、ねだん以上。』といえば、ニトリ

『うまい、やすい、はやい。』といえば、吉野家

『きれいなおねえさんは、好きですか。』といえば、パナソニック

こんな感じです。

いかがですか？　聞いただけで、イメージできる、ぴったりなキャッチコピーですよね。

あなたが提供する商品は、どんな人に受けてもらったら、一番喜んでいただけるのか。

あなたが集客したい理想のお客さまは、どんな悩みを解決したくて、どんなご要望があって、どうなれたら嬉しいのか。

そこに響く言葉や文章になっているか。どんな言葉や文章なら、イメージしやすくて、興味を持ってもらえるのか。

ということを、できるだけ簡単に、短く言語化することができると、とってもいいキャッチコピーになります。

そして、大企業でもない、好きなことを活かしておうち起業されている個人の方たちなら、そのキャッチコピーを裏付けるような専門性もあると、さらにおススメです。

ちなみに、私のキャッチコピーは、『3か月で月商100万円達成する専門家』

肩書は、売上コミットコンサルタントです。

このキャッチコピーと肩書にした理由は、私がコンサルティングさせていただいている『売上コミットアカデミー』の受講生さんたちの実績として、3か月から6か月以内に、月商100万円以上達成する人が少なくないのと、私の理想のお客さまが、月商100万円達成したい！　そのために、コミットして頑張りたい！　って人だから。

私自身も、受講生さんたちの売上アップをコミットしているので、同じように自分の売上アップのために、コミットして頑張りたい！　って人じゃないと、お互い合わないですからね。

だからこそ、このキャッチコピーと肩書を見て、そうなりたいと思う、私の理想にぴったりなお客さまから、お申し込みをいただけるということです。

自分に合った集客方法の見つけ方

自分に合った集客方法って、どんな方法だと思いますか？
やりたい集客方法？　好きなやり方？
残念ながら、どちらも違います。

自分に合った集客方法というのは、あなたが集客したいお客さまが集客できる集客方法ということです。

あなたが集客したいお客さまを集客するためには、そのためのやり方があります。

なんでもやり方がわからないのに、闇雲にやってもうまくはいきません。

何かに取り組む時、マインドってホントに大切ですけど、マインドだけじゃうまくはいかなくて、なぜなら、どうやったらうまくいくかという、やり方がわかっていなかったら、どうやったらいいかわからないままなので、できないよね、うまくはいかないよね、ということです。

なので、あなたが集客したいお客さまを集客できるようになりたいなら、そのやり方を知ることが大事です。

じゃ、どうしたら集めたいお客さまが集まる、自分に合った集客方法を見つけることができるんでしょうか。

あなたが集めたいお客さまが、よく情報収集しているのは、どんなツールなのか、

どんなものを利用して情報を得ていて、どんな言葉や画像に響くのか、というように考えていくと、

「それならＩｎｓｔａｇｒａｍがいいね」
「アメブロもやってみようかな」
「効率的に成果を出したいから、どうやったらいいか調べてみようかな」
「誰かに相談してみようかな」

というように、やることが決まってきます。

やることが決まれば、あとはこれを実践して、その結果を踏まえて、どんな情報発信が一番いい成果が出ているのかを見極めて、成果が出ていることの優先順位を上げていく。

そして、成果が出ていないことがあれば、改善できるかどうか考えて、改善できそうなら、いつまでにどう改善するかを決めて実践。

これを最短最速で繰り返していくと、自分に合った集客方法が見つかるし、どんどん効率が上がって、成果が早くたくさん出るようになります。

※本気でおうち起業を成功させたい！という方は、詳しくビジネスモデルを伺ったうえで、的確なアドバイスを無料でいたします。

ご希望の方は、こちらのLINE公式にご登録いただき、お問い合わせください。

ご登録いただきますと、売りこまずに売れるための5つの動画や、お悩み別８つの解決策がわかる無料診断、そして集客・リピート・価格の悩みを解決する3daysマガジン講座も無料で受け取っていただけます。

LINE公式登録特典

《特典1》

売り込まずに売上アップする
コツがわかる5つの動画

1 売り込まずに売れるようになる
考え方と具体的な3つの行動

2 リピート率・成約率が必ず上がる
心構えと信頼関係の築き方

3 自信を持って商品・サービスの
単価を上げる方法

4 目標売上を達成できる
商品・サービスの価格決めの方程式

5 お客さまに高いと言われない
価格の伝え方

《特典2》

3つの質問に答えるだけ
無料の診断でわかる
あなたのお悩み別
８つの解決策

《特典3》

集客・リピート・価格の
お悩みを一気に解決！
3daysマガジン講座

理想のお客さまが集まるワーク

◎あなたの商品で解決できる悩みや叶えられる要望は、どんなことがありますか？

◎あなたがお役に立てるお客さまたちは、どうなりたいと思っていて、悩みが解決したり、要望が叶ったら、どんなことをしたいと思っていますか？

第5章

集客できるツールと活用方法

おうち起業に活用できる集客の種類

ひとえに集客といっても、いろんな集客方法があります。

たとえば、大きく分けると無料の集客と有料の集客があって、アメブロやInstagram、Facebook、YouTube、Twitter、WordPress・ウェブサイトなどを活用した無料の集客だと、費用がかからないので、売上がなくて資金的にゆとりがない人でもはじめやすいし、もし売上を作れなくても、マイナスになることはありません。

これってすごいメリットですよね！
とはいえ、コツコツ投稿しないといけないので、労力はかかります。
かたや、InstagramやFacebook、GoogleやYahoo！などのネット広告や、ホットペッパービューティーやエキテン、EPARKなどの集客サイト、チラシなど有料の集客は費用がかかるので、資金的にある程度投資ができる人じゃないとはじめることができないし、売上を作れないとマイナスになる可能性もあるというリスクはあるけれど、投稿の労力はかからないというメリットがあります。

無料の集客も、有料の集客もそれぞれメリットがあって、どのメリットを選ぶかということで決めていけばいいと思います。

今この書籍を読んでいただいている、おうち起業をすでにはじめていたり、おうち起業をこれからしたいなーと考えていたりする人たちは、どちらかというと無料の集客からはじめたいと思われている人が多いかもしれませんね。

『売上コミットアカデミー』の受講生さんたちも、無料の集客から始めている人たちがほとんどです。

ではでは、無料の集客の特徴を見ていきましょう。

集客に活かすアメブロ・Instagram・その他SNSの特徴

アメブロの得意なこと

◎女性起業家をターゲットにしたビジネスモデルの集客に向いている

アメブロを集客に活用している女性起業家が多いため、そういう方たちにあなたのアメブロ投稿を見つけてもらいやすい。

◎ファン化しやすい

文章をしっかり書いて、伝えたいことを伝えることができるし、画像、動画、リンクと、なんでも記事に取り入れることができるため、じっくり読んでもらいやすい。

アメブロの苦手なこと

◎拡散力が少ない

InstagramやFacebookなどのSNSのようにニュースフィードがないため、アメブロのアプリを立ち上げて、自然にあなたの投稿が流れてくる、みたいなことがない。

◎SEOに弱い

アメブロのURLというのは、たとえばアメブロのビル全体の住所、つまりURL

になっていて、その中の部屋番号の101号室というような形で、アメブロの中のひとつの部屋のように、あなたのURLが割り振られているため、Googleなどの検索でヒットしにくい。

Facebookの得意なこと

◎拡散力に優れている

ニュースフィードがあるため、Facebookのアプリを立ち上げたら、お友達になっている人のところには、あなたの投稿が流れやすく、投稿を見つけてもらうきっかけになる。

◎BtoCのビジネスモデルにも向いている

ビジネスをしていない一般消費者の方もFacebookはしているため、そういう方にも情報が届きやすい。

Facebookの苦手なこと

◎過去の記事をさかのぼりにくい

ニュースフィードで記事が流れていってしまうのと、あなたのアカウントページに目次のような投稿一覧がないため、投稿をさかのぼることが難しく、過去のいい投稿を見つけてもらいにくい。

◎Facebookをやっていない人に届きにくい

Facebookは Facebookをやっている人でないと、見ることができないため、Facebookをやっていない人には届かず、見つけてもらいにくい。

Instagramの得意なこと

◎写真で世界観が伝えられるビジネスモデルに向いている

たとえば、美容・グルメ・旅行・住宅・ペットなどのビジネスモデルは、変化が写真で伝えられたり、美味しそうなシズル感だったり、絶景の景色や、住んでみたい理想の生活スタイルだったり、かわいい動物の様子だったりを写真や動画で伝えやすい。

◎検索ツールとして使われることがある

GoogleやYahoo!といった検索ツールのように、Instagramのハッシュタグをつけておくことにより、検索された時にヒットできるため、見つけてもらいやすい。

Instagramの苦手なこと

◎拡散力が少ない

ニュースフィードはあるけれど、フォローをしていないタイムラインには流れていくことがなく、人気投稿や検索で見つけてもらえないと、投稿を見てもらいにくい。

◎リンクができない

キャプション（投稿）や画像に飛ばしたい先のURLを貼ったり、埋め込んだりできないので、リンクができない。そのためInstagramから別のサイトへ誘導することが難しい。

唯一リンクできるのは、プロフィールページのウェブサイトの項目のところだけ。

YouTubeの得意なこと

◎映像と音声で伝えられる

動画なので、映像と音声で表現できて、伝えたいことが伝わりやすい。

◎SEO対策できる

SEO対策ができれば、検索でヒットしやすくなり、見つけてもらいやすい。

YouTubeの苦手なこと

◎良くも悪くも雰囲気が伝わりやすい

動画慣れしていない人は、慣れない雰囲気が伝わることもある。

こうしてみると、どのツールも特徴がよくわかりますね。

それぞれの特徴をお伝えしましたが、集客の手段には、ストック型とフロー型、そしてプル型とプッシュ型というものがあるので、そちらについてもお伝えしますね。

ストック型

◎アメブロ・YouTube・ウェブサイト

有益な情報を書いたり、撮って公開したりすることにより、ネット上で検索され、見つけてもらうことができます。検索しているのは、情報を探している方たちだから、お客さまになってもらいやすいです。

ただ、検索でヒットするためには、有益な情報をたくさん発信していることが最も大事なので、立ち上げてすぐ、ヒットすることは少ないです。

フロー型

◎Facebook・Instagram・TwitterなどのSNS

ニュースフィードがあるため、濃いつながりがある方たちのところへ流れやすく、早く多くの人へ情報を届けることができる瞬発力があります。

一方、検索で見つけてもらえることはほとんどなく、古い投稿は流れてしまうため、読まれる確率は、投稿した時が一番で、それ以降はあまり読まれません。

プル型

◎アメブロ・Ｉｎｓｔａｇｒａｍ・Ｆａｃｅｂｏｏｋ・Ｔｗｉｔｔｅｒ・ＹｏｕＴｕｂｅ・ウェブサイトなど

こちらから情報を発信して、お客さまに見に来ていただく、待ちの姿勢のもの。発信した情報を誰が見てくれるかは、お客さま次第になるので、あなたが理想としているお客さまに見てもらえるようなタイトルであったり、ＳＥＯ対策であったりを考えて発信することが大事になります。

理想とするお客さまに見ていただいたら、プッシュ型につなげていくことで、集客につなげていきます。

プッシュ型

◎LINE公式アカウント・メルマガ・ステップメールなど

プル型であなたが発信した有益な情報を見た、理想とするお客さまが、あなたのLINE公式アカウントやメルマガ・ステップメールに登録することにより、いつでも、そのお客さまに届けたいご案内を直接送ることができるため、イベントやセミナーのオファーができます。

そして、その方に合った情報やメール講座などでお客さまの教育もできるため、より商品・サービスを購入したい状態になっていただいた状態で、オファーを受けてもらうことができます。

集客の種類と特徴、そして、ストック型とフロー型、プル型とプッシュ型についてお伝えしましたが、これらを組み合わせて使っていくことで、それぞれの苦手なことをカバーできたり、それぞれの得意なことを活かせたり、相乗効果で集客しやすくなります。

集客したいお客さまが、普段どんなツールを利用していて、どんな投稿を読みたいと思うのか、どんな情報をほしいと思っているのかを考えて、どのツールをどんな風に組み合わせて、活用したらいいかを決めて、どんどん理想とするお客さまを集客していきましょう♡

アメブロやInstagramで集客できるライティング技術

あなたの商品を受けたお客さまは、どうなることができるのでしょうか。これはメリットとベネフィットと言われるもの。

メリットとは、商品のウリや特徴。一方、ベネフィットとは、商品を利用したお客さまが受ける、効果や恩恵のこと。

あなたの商品を利用するとお客さまがどうなれるのか、というメリットやベネフィットをお客さまに伝わるように書けていますか？

あなたは自分が作った商品だから、どうなれるのかということは、もちろんよくわかっているかもしれないけれど、お客さまは、作った本人でなければ専門家でもないので、あなたの商品を利用するとどうなれるのか、というメリットやベネフィットは、あなたが伝えないとわからないんです。

このメリットやベネフィットこそが、お客さまにとっての価値になります。

この価値がお客さまに伝わるように書いていくことが、アメブロやSNSから集客するためにとても重要なんです。

お客さまにとっての価値があれば、あなたの商品は、お客さまから選ばれることになります。

だからこの、メリットとベネフィットをお客さまにわかりやすく伝えるって、とっ

てもとーーーってても大事なことなんです♡

ちなみに、私の商品である『売上コミットアカデミー』や『億プラチナプロジェクト』のメリットは売上・利益が上がること。

本気で結果を出すと決めた人の、売上アップにコミットしています。

集客で悩んでいた人が、理想のお客さまにたくさん来ていただけるようになったり、リピートしてもらえないと嘆いていた人が、お客さまから次回予約を入れていただけるようになったり、自分の商品に自信が持てるようになることにより、安売りしなくても、商品やサービスが売れるようになったりすることです。

一方、ベネフィットは、それによって、時間的ゆとり、経済的ゆとりができること により、今以上に好きなこと、本当にやりたいことができるようになり、人生が豊かになることです。

私の夢のひとつにあるのが、売上が上がって、時間的・経済的にゆとりができた受講生さんたちと、旅行したり、お買い物したり、時には私のおうちにご招待したり、受講生さんのおうちにご招待されたりして、一緒に遊んだり、さらに成長するために一緒に学んだりすることなんです。

実際その夢は、叶っていますが、一緒にその夢を叶えていける人たちを増やしたいなと思っています。

こういうメリットやベネフィットをアメブロやSNSで伝わるように書くことを意識しています。

そして『売上コミットアカデミー』『億プラチナプロジェクト』の受講生さんたち

も、こういうことを意識して書いていただくようにしています。

集客できるライティングの具体例

『売上コミットアカデミー』『億プラチナプロジェクト』の受講生さんたちが、どうやって情報発信をしているかということを、お伝えできたらなと思います。

たとえば、太っているという悩みを抱えていて、痩せたいというご要望がある方に対し、お役に立てる痩身エステのサービスを提供しているエステサロンオーナーの受講生さんは、某集客サイトや、ブログ、SNSを使って、お店の情報を発信して集客しました。

なぜかというと、お役に立てる、痩せたいと思っているお客さまが、どんな行動を起こすかを考えたら、

☑ネットで痩せる情報やお店を検索する
☑検索された時、どのようにしたら、見つけてもらえるか
☑見つけてもらったあと、どうしたら選んでもらえるか

また、どんなご要望があるのかも考えました。

☑無理なく痩せたい
☑きつい運動、食事制限はイヤ
☑体重だけにこだわらず、気になる部分もきれいに痩せたい

☑ リバウンドしたくない

こう考えられたので、検索で上位表示されやすい某集客サイトを利用すること、それと同時に、自身のSNSでコンセプトプランニングに基づいて、お客さまの悩みへ訴求し、うちのお店の商品やサービスは、こんなウリがありますよ、こんな効果が得られますよ、というメリットとベネフィットを見える化した情報発信をして、集客したい理想のお客さまに見つけてもらえるように、戦略と戦術を考えました。

戦略とは、成果を出すために、何をどうするのかなど、目的達成のためにはどうしたらいいかということで、戦術とは、その戦略を実現させるための手段であり、成果を出すための具体的な方法ってことですが、それを考えて行動したので、この受講生さんは理想とするお客さまに情報が届き、サービスが欲しいと、ご成約いただけるようになったということです。

※私の場合、どんな戦略や戦術がいいの？ ということを相談されたい方は、詳しくビジネスモデルを伺ったうえで、的確なアドバイスを無料でいたします。

ご希望の方は、こちらのLINE公式にご登録いただき、お問い合わせください。

ご登録いただきますと、売りこまずに売れるための5つの動画や、お悩み別８つの解決策がわかる無料診断、そして集客・リピート・価格の悩みを解決する3daysマガジン講座も無料で受け取っていただけます。

LINE公式登録特典

《特典1》

売り込まずに売上アップする
コツがわかる5つの動画

1 売り込まずに売れるようになる
考え方と具体的な3つの行動

2 リピート率・成約率が必ず上がる
心構えと信頼関係の築き方

3 自信を持って商品・サービスの
単価を上げる方法

4 目標売上を達成できる
商品・サービスの価格決めの方程式

5 お客さまに高いと言われない
価格の伝え方

《特典2》

3つの質問に答えるだけ
無料の診断でわかる
あなたのお悩み別
８つの解決策

《特典3》

集客・リピート・価格の
お悩みを一気に解決！
3daysマガジン講座

アメブロ・Instagram集客から売上につなげる仕組み

ご相談いただく一番多いお悩みが、集客できない、どうしたら集客できるかわからないというもの。アメブロやInstagramで集客したいけれど、どう活用していいかわからなかったり、がんばって投稿しているのに、全然集客できないと悩まれていたりします。

集客したい理想のお客さまをアメブロやInstagramから集客できたとしても、売上につながらなかったら、おうち起業は成功しないので、どうやって売上につなげていくのか、その仕組みをお伝えしていきますね♡

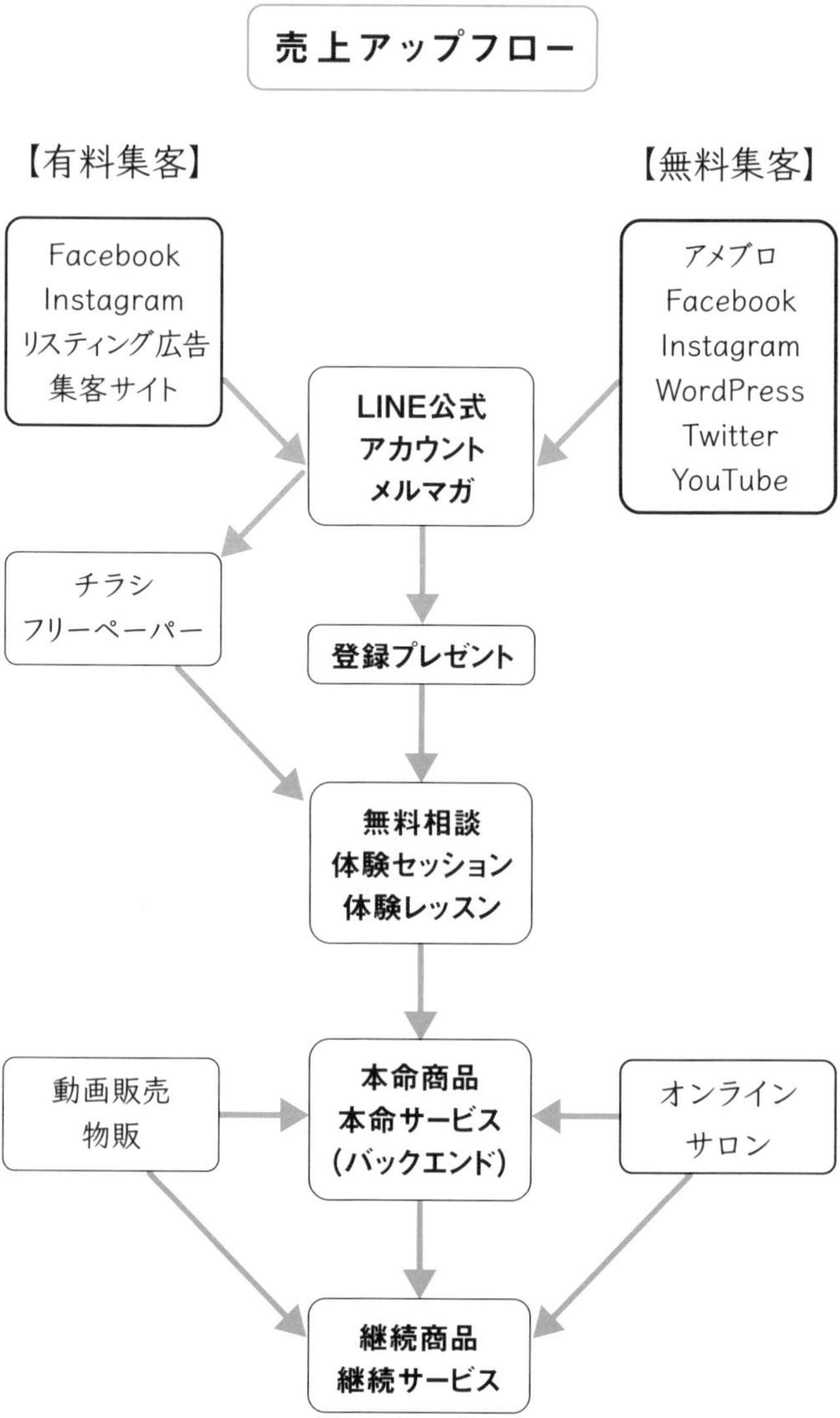
売上アップフロー
【有料集客】
Facebook
Instagram
リスティング広告
集客サイト
【無料集客】
アメブロ
Facebook
Instagram
WordPress
Twitter
YouTube
LINE公式
アカウント
メルマガ
チラシ
フリーペーパー
登録プレゼント
無料相談
体験セッション
体験レッスン
動画販売
物販
本命商品
本命サービス
(バックエンド)
オンライン
サロン
継続商品
継続サービス

売上アップフローとは、集客したい理想のお客さま、お役に立てるお客さまたちを集客して、売上につなげていくための、集客からご購入いただくまでの流れです。

集客したい理想のお客さま、お役に立てるお客さまを集客するためには、その人たちが求めている情報を、どんなツールを使って発信していくのか、どんなツールを使ったら、見込客の方たちを集めることができるのかってことを考えて決めていきます。

有料集客の場合、費用はかかるけれど、素早くたくさんのお客さまに、こちらが届けたい情報を発信することができます。

でも、費用がかかるので、しっかり学んだうえで利用しないと、売上よりも広告費が高くなって、赤字になる可能性も0ではないというリスクもあります。

とはいえ、正しく利用すれば、とても効率のいい宣伝ができて、特に毎日自分で何か情報発信をコツコツ頑張らなくても、売上・利益が得られるような仕組みを作ることもできます。

無料集客の場合は、無料だから費用はかからないけれど、ひとつ記事を書いて、情報発信をしたからといって、いきなりたくさんの人に、届けたい情報がすべて届くということは、残念ながらありません。コツコツ積み上げていくことが大事になってきます。

でも、コツコツ積み上げていけば、どんどん集客はしやすくなるし、労力もさほどかからなくなるし、費用もかかっていないので、利益率がとても高いというメリットがあります。

とはいえ、有料集客も赤字にならないようにしたり、利益率を高くしていったりすることはできますし、無料集客でも最短最速で効率よく売上を上げていくことはできるので、どの集客の方法でやっていくかは、あなたの現状やどんな働き方、どんな経営の仕方をしたいかによって決めていけばいいです。

大事なのは、集客の仕組みを作ること。

有料集客だろうが、無料集客だろうが、広告やアメブロ・SNSで、いきなり何かを売ることはしません。

なぜなら、そんなことをしても売れないからです。

広告やアメブロ・Ｉｎｓｔａｇｒａｍの役割は、あなた自身や提供してる商品やサービスを知ってもらい、それを利用すると、どうなれるのかということを理解していただくことが目的。

集客したい理想のお客さまに、ひたすら役立つ情報を届けて、とにかく与えることだけする、ということが大事なんです。

売上が上がるＬＩＮＥ公式アカウントの仕組化

『売上コミットアカデミー』や『億プラチナプロジェクト』の受講生さんたちも、このＬＩＮＥ公式アカウントの仕組化をして、売上を上げることができている、めちゃくちゃ重要で、めちゃくちゃ活用できる仕組みです。

まず、あなたのアメブロ・Ｉｎｓｔａｇｒａｍを読んだり見たりして、「あ、この人のＬＩＮＥ公式アカウントやメルマガに登録しておいたら、自分にとって有益なのかも」と思ってもらえるような導線を作りましょう。

そして、ＬＩＮＥ公式アカウントやメルマガへ、あなたが集めたい理想のお客さま、お役に立てるお客さまに登録していただき、見込客のリストを作ります。

この見込客リストの方たちに対して、どう発信していくのかということが、とっても重要になってきます。ここからが本番です。

いくら広告やアメブロ・ＳＮＳを見てくれた人がＬＩＮＥ公式アカウントやメルマガに登録してくれたとしても、それだけでは、売上にはつながりません。

なぜなら、登録するのは無料だから。

では、どうしたらＬＩＮＥ公式アカウントやメルマガに登録してもらったところから、売上につながっていくのかです。

ＬＩＮＥ公式アカウントやメルマガに登録してもらったら、あなたとお話しできるように、ＬＩＮＥ公式アカウントやメルマガのステップメール（ＬＩＮＥでの名称はステップ配信）が流れるように仕組みを作っておいて、そのステップメールから、更にあなたと直接お話ができるような仕組みを作っておきましょう。

ステップメールっていうのは、登録した日から順番に、今日はコレを配信する、明日はコレを配信するって、いつに何を配信していくかをあらかじめ決めて設定し、配信することができるもの。

ＬＩＮＥ公式アカウントやメルマガにステップメールを設定しておくことで、無料相談や体験セッション・お試し体験に来てくれる導線を作ることができます。

※あなたのビジネスモデルに落とし込んだ具体的な見込客リストを作るために必要なことも無料でご相談いただけます。詳しくビジネスモデルを伺ったうえで、的確なアドバイスをいたします。

ご希望の方は、こちらのLINE公式にご登録いただき、お問い合わせください。

ご登録いただきますと、売りこまずに売れるための5つの動画や、お悩み別８つの解決策がわかる無料診断、そして集客・リピート・価格の悩みを解決する3daysマガジン講座も無料で受け取っていただけます。

LINE公式登録特典

《特典1》

売り込まずに売上アップする
コツがわかる5つの動画

1 売り込まずに売れるようになる考え方と具体的な3つの行動
2 リピート率・成約率が必ず上がる心構えと信頼関係の築き方
3 自信を持って商品・サービスの単価を上げる方法
4 目標売上を達成できる商品・サービスの価格決めの方程式
5 お客さまに高いと言われない価格の伝え方

《特典2》

3つの質問に答えるだけ
無料の診断でわかる
あなたのお悩み別
８つの解決策

《特典3》

集客・リピート・価格の
お悩みを一気に解決！
3daysマガジン講座

集客できている人たちがやっている習慣

集客について、いろいろお伝えしてきましたが、集客できている人たちがやっている習慣があります。

逆をいえば、集客できていない人たちはコレをやっていないんです。

いくらここまで読んでいただいたことが理解できていても、理解できているだけでは、残念ながら集客はできないし、売上も上がりません。

ってことはですよ、ここまでお読みいただいたことを理解いただいて、この習慣を

身につければ最強ってことです♡

その習慣とは、実践する習慣、実践し続ける習慣。

実践しなければ、成果にはつながりません。集客できないってことです。

そして一時実践したからといって、続けなければ、継続的な集客は難しいです。

これ当たり前のことじゃん！　って思うかもしれないですが、この当たり前のことができていない人が、意外にも多いんですよ。

継続的に集客できている人たちは、この当たり前のことを、当たり前として実践し続けているからこそ、継続的に集客できているだけのこと。

持って生まれた特別すごい才能があるから集客できているわけでもないし、類まれな天才！　というわけでもなく、みんなおんなじ普通の人だけれど、ただただ実践し続けて、うまくいっていることを再現したり、もっともっと効率よくできるように仕組化したり、とにかく貪欲に成果を出すということに対して、向き合っているからこそ、売上を上げて、アップデートしながら継続できています。

そのために『売上コミットアカデミー』『億プラチナプロジェクト』の受講生さんたちには、毎日の振り返りというものをしてもらっています。

毎日の振り返りというのは、

◇今日やったこと
◇うまくいったこと、うまくいった理由
◇改善すること、いつまでにどう改善するか
◇今日全体の振り返りと明日の計画

この4項目。毎日の振り返りをすると、どんどん集客ができるようになるし、売上も上がっていきます。

なぜなら、常にうまくいくようにするためにはどうしたらいいか、ということを考えているから。

これをしていたら、どんどん集客できるし、じゃんじゃん売上が上がるから、ますますおうち起業が楽しくなって、楽しいことを全力でやっているから人がどんどん集まってくるので、集客もより一層加速します。もうエンドレスなハッピースパイラルですよ♡

集客というのは、誰でもいいから集めればいいわけではないし、たくさん集めればいいわけでもなく、あなたがお役に立てるお客さまに対して、どうお役に立てるのかということをお伝えしていくこと。

何とかして売上を上げたいから集客しなきゃとか、何とかして契約してもらえる人を探さなきゃとか、そういうことではなく、あなたの商品やサービスを喜んでいただけるような、お役に立てるお客さまに、どうやってそれを伝えていこうかなって考えていくことが大事。

こんなお客さまが来てくれたら、私めちゃくちゃお役に立てるじゃん♡って、本来集客ってワクワクするものなんです。

※集客全般、なんでも無料でご相談いただけます。詳しくビジネスモデルを伺ったうえで、的確なアドバイスをいたします。

ご希望の方は、こちらのLINE公式にご登録いただき、お問い合わせください。

ご登録いただきますと、売りこまずに売れるための5つの動画や、お悩み別8つの解決策がわかる無料診断、そして集客・リピート・価格の悩みを解決する3daysマガジン講座も無料で受け取っていただけます。

LINE公式登録特典

《特典1》
売り込まずに売上アップする
コツがわかる5つの動画

1 売り込まずに売れるようになる
考え方と具体的な3つの行動

2 リピート率・成約率が必ず上がる
心構えと信頼関係の築き方

3 自信を持って商品・サービスの
単価を上げる方法

4 目標売上を達成できる
商品・サービスの価格決めの方程式

5 お客さまに高いと言われない
価格の伝え方

《特典2》
3つの質問に答えるだけ
無料の診断でわかる
あなたのお悩み別
8つの解決策

《特典3》
集客・リピート・価格の
お悩みを一気に解決!
3daysマガジン講座

集客の悩みを解決するワーク

◎今抱えている集客の悩みを具体的に書き出してみましょう♪

◎その悩みを解決するために、したほうがいいと思うことを書きだしてみましょう♪

最終章

おうち起業が成功するカギ

おうち起業がうまくいかない時の乗り越え方

ビジネスだけじゃなく、何かにチャレンジするということは、うまくいく時ばかりじゃないです。

当然うまくいかなくて、もう投げ出したくなったり、私にはできないんじゃないかって情けなくなったり、ホントに辛い時ってありますよね。

私もまさしく今ここに書いた通り、投げ出したくなったり、私にはできないんじゃないかって情けなくなったりしたことが、数えきれないくらいありました。

でもそんな時は、どうやって乗り越えてきたかというと、そういう時こそ、なぜ辛いのかということを自問自答してみるんです。

なんで投げ出したくなるの？
なんで情けなくなるのか、なんでなの？　って。

そうするとわかるんです。答えは決まっているから。

思うような結果になっていないからだって。

じゃ、思うような結果になれば、辛くなくなるのかと、また自問自答。

そうすると、そりゃ思うような結果になったら、辛くはならんよねと、私が言うんです。

ならば、どうしたら思うような結果につながるの？　今投げ出したり、情けないと泣いていたら、思うような結果になるの？　って、また自問自答。

答えは決まっていますよね。

思うような結果になるわけないよねって。

だとしたら、どうしたら思うような結果になるの？　どうなりたいの？　って、またまた自問自答するわけです。

ね、そしたらもう答えは決まっているし、やることは決まってくるでしょ♡

そうそう、投げ出している場合じゃないし、情けないと泣いている暇はないんです。とっととやれですよ、ホントに。

思うような結果が出ていないのは、行動が足りていないか、行動が間違っているか、それかたまたまです（笑）。

行動が足りていないなら、行動を増やすためには、どうしたらいいかを考える。
行動が間違っていたかもと思うなら、違う行動をして、試してみる。

行動もいっぱいしているし、間違った行動もしていない……だとしたら、たまたまそういう時もあるよねと、どっしり構え、しれっと自信をもって、今のまま行動し続けて様子を見る。

なんでもそうだけど、何か理由がなくても、今日はなんだか物事がうまくいかないなって時もあるでしょ！

長い人生なんだから、そんな時もあって普通です。いっぱい行動できている、正しい行動ができていることに自信をもって、こういう時にしかできないことを見つけて、どっしり構えて、しれっと自信をもって、いればいいんですよ♡

年商1000万円以上稼ぎ続けている『売上コミットアカデミー』や『億プラチナプロジェクト』の受講生さんたちも、どっしり構え、しれっと自信をもって、こういう時にしかできないことを見つけて、様子を見ています。

日々のちょっとしたことで一喜一憂するのではなく、振り返る。

振り返って、うまくいっていることを、もっとうまくいくようにするためにはどうしたらいいか、うまくいっていないことは、どうしたらうまくいくようになるか、そしてそれを踏まえて明日は何をするのか、この振り返りの繰り返し。

そしたら投げ出している場合じゃなくなるし、情けないと泣いている暇もなくなって、あら不思議、知らないうちに思うような結果になった♡という風になっていきますよ。

※本気で売上を上げたい方は、無料でご相談いただけます。詳しくビジネスモデルを伺ったうえで、的確なアドバイスをいたします。

ご希望の方は、こちらのLINE公式にご登録いただき、お問い合わせください。

ご登録いただきますと、売りこまずに売れるための5つの動画や、お悩み別８つの解決策がわかる無料診断、そして集客・リピート・価格の悩みを解決する3daysマガジン講座も無料で受け取っていただけます。

LINE公式登録特典

《特典1》
売り込まずに売上アップする
コツがわかる5つの動画

1 売り込まずに売れるようになる
考え方と具体的な3つの行動

2 リピート率・成約率が必ず上がる
心構えと信頼関係の築き方

3 自信を持って商品・サービスの
単価を上げる方法

4 目標売上を達成できる
商品・サービスの価格決めの方程式

5 お客さまに高いと言われない
価格の伝え方

《特典2》
3つの質問に答えるだけ
無料の診断でわかる
あなたのお悩み別
８つの解決策

《特典3》
集客・リピート・価格の
お悩みを一気に解決！
3daysマガジン講座

おうち起業が成功する『つづ語録』

最近の風潮で、がんばらない生き方とか、がんばることはあまりよくないみたいな表現ってあると思うんですけど、私、がんばること大好きなんですよね（笑）。

私の中のがんばることって、無理をすることでも、我慢をすることでもなく、叶えたいことに向かって、全力で近づいていくことだと思っているので、めちゃくちゃワクワクするし、そのためにできることはすべてやりたい！　って、そう思っているので、がんばることが大好き♡

とはいえ、楽しく頑張ってきた私も、時には落ち込んだり、凹んだり、辛くなることも山のようにありました。

そんな私から、おうち起業をがんばりたい！　って思っている人たちへ、届けたいメッセージ『つづ語録』を送ります。

辛いことに遭遇してしまった時、少しでもこの『つづ語録』が、辛さを乗り越え、その先にある、素晴らしい未来を実現させるためのお役に立てたら、ホントに嬉しい。

つづ語録

◇自分がどうなりたいかを決められるのは、自分だけ

◇行動を変えると結果が変わる。行動を止めなければ、結果は出る

◇努力は誰にでもできる平等に与えられた才能

◇時間がないと言いつつ、やるべきことをやらずに、やらなくていいことをやっていたりする

◇頑張ることは、無理や我慢をすることではなく、叶えたいことに向かって、全力で近づくこと

◇こうなったらやるのではなく、こうなるためにやる

◇どんな便利なツールも、どう使うかがわからなければ役に立たないし、どう使うかがわかっても、使わなければ役に立たない

◇本気で取り組んでいる人のことは、応援したくなるもの

◇今は過去からできていて、未来は今からできていく

◇失敗はチャレンジした証拠

◇つまずいたり、傷ついたり、でもそんな時に、実は扉が開くもの

◇チャレンジで得るものはあっても、失うものはない

◇逆風が吹くのは、前に進んでいる証拠

◇やりたいことをやるためには、時にはその手前にある、やりたくないこともしっ

かりやる

◇やりがいとは、与えられるものではなく、見つけるもの

◇できない理由を探すより、できる方法を考える

◇ビジネスとはお客さまの役に立つこと

◇行動を変えると思考が変わる。思考が変わると結果が変わる

※本気で売上を上げたい方は、無料でご相談いただけます。詳しくビジネスモデルを伺ったうえで、的確なアドバイスをいたします。

ご希望の方は、こちらのLINE公式にご登録いただき、お問い合わせください。

ご登録いただきますと、売りこまずに売れるための5つの動画や、お悩み別8つの解決策がわかる無料診断、そして集客・リピート・価格の悩みを解決する3daysマガジン講座も無料で受け取っていただけます。

LINE公式登録特典

《特典1》
売り込まずに売上アップする
コツがわかる5つの動画

1 売り込まずに売れるようになる
考え方と具体的な3つの行動

2 リピート率・成約率が必ず上がる
心構えと信頼関係の築き方

3 自信を持って商品・サービスの
単価を上げる方法

4 目標売上を達成できる
商品・サービスの価格決めの方程式

5 お客さまに高いと言われない
価格の伝え方

《特典2》
3つの質問に答えるだけ
無料の診断でわかる
あなたのお悩み別
8つの解決策

《特典3》
集客・リピート・価格の
お悩みを一気に解決！
3daysマガジン講座

おうち起業が成功するワーク

◎現在のお悩みを具体的にすべて書き出してみましょう♪

例

◇年商1000万円達成したいのにできていない
◇月商10万円で止まってしまっている
◇おうち起業したいけれど何から始めたらいいかわからない
◇アメブロを書いても書いても集客できない
◇お客さまに高いと言われてしまう
◇家事育児に追われて、ビジネスのことに時間が使えていない

◎解決するためにできそうなことを書き出してみましょう♪

例

◇おうち起業を成功させるために、今すぐできることと、今後やったほうがいいことを考える

◇アメブロの書き方を学ぶ

◇どんなことにどれくらい時間を使って、どう過ごしているか具体的に書き出してみる

◇やりたいことを叶えるために何が必要か具体的に書き出してみる

◎解決するためにできそうなことを行動に移すためには何ができるか書き出してみましょう♪

例

◇自分に合った学びの場の情報をブログやＳＮＳで調べる

◇うまくいっている人のブログやＳＮＳを見て、できることを書き出してみる

◇一日のタイムスケジュールを具体的に立てて、いつからスタートするか決める

◎今日やったことを振り返って書き出してみましょう♪

例

◇やったこと

アメブロで1投稿した

Ｉｎｓｔａｇｒａｍで1投稿した

動画学習をした

新規のお客さまからのＺｏｏｍ相談を対応した

◇うまくいったこと

新規のお客さまからＬＩＮＥ登録が5件あった

新規のご契約をいただけた

◇なぜうまくいったのか

お客さまのお話をよく伺って、ベストなご提案ができたから

タイムスケジュールを立て、効率的に時間が使えたから

◇改善すること

LINEにご登録いただいたお客さまへの返信をわかりやすくする

◇いつまでにどうやって改善するのか

明日の○時に時間が取れるので、返信文を考えてみる

◎あなたの解決したいお悩みを解決するために今週できることを書き出してみましょう♪

例

◇月曜日に〇〇さんに〇〇の連絡をする

◇火曜日にある子供の〇〇の予定を〇時までに済ませる

◇水曜までに〇〇を調べる

◇毎日〇〇のためのルーティンを〇時までにする

◇毎日夜子供を10時までに寝かせて、10時から11時までの1時間で、うまくいっている人のブログやＳＮＳを見て、できることを書き出してみる

おわりに

この本を手に取って、最後までお読みくださいまして、本当にありがとうございました。

あなたがおうち起業で成功するための、参考にしていただくことはできましたでしょうか。

シングルマザーになったことで、経済的にも精神的にも自立をしなければならない環境になり、私の起業人生がスタートしました。

ビジネスなんてやったこともない私が、お料理教室からはじまって、コンサルタントとして、今に至るまで、こうなりたい！　を叶えるために実践してきたことやマインドなど、すべて詰めこみました。

おうち起業をはじめた頃は、本当にどうしたらいいか全くわからない中、とにかくがむしゃらにトライ&エラーを繰り返し、年商1億円連続達成という成果を出せたこと、本当に嬉しく思います。

起業当初は、うまくいかないことのほうが多くて、毎日のように泣いていた……というより一日5回くらい泣いていた気がします（笑）。

それでも諦めずに行動し続けたからこそ、今があります。

諦めずに行動し続けるということは、叶えたいことを叶えるために、全力で近づくことですよと、受講生さんたちにも伝えていますが、もちろんその過程で辛いこともありますよね。

でも、諦めずに行動し続けることで、叶えたいことが叶えられるとするならば、それはとてもワクワクすることに変わります♪

改めて今私は思うんです。諦めなくてホントによかったなと。

元々お勤めしている時は、とみたはいつも、一番遅く来るくせに、一番早く帰っていくと言われていたくらい、お勤めの仕事が楽しくアリマセンでした。

あ！　名誉のためにお伝えしておきますが、決してさぼったり、いい加減な仕事はしていなくて、むしろ逆で、とにかく職場に居たくない気持ちが強すぎて、早く帰りたかったのと、子供を預けている保育園にお迎えにも行かないといけなかったので、残業ができなかったから、モーレツに業務をこなし、早く帰っていました。

おうち起業をしてからは、家事育児との両立もしやすくなったし、何より自分がやりたいことをおうち起業で叶えられていることが楽しくて、もっとがんばりたいと、我ながらよくやってきたと思います。

私の中でがんばるというのは、叶えたいことを叶えるために、全力で近づくことなので、がんばることが大好きだし、ホントにワクワクします♪

もちろん、辛いこともあったけれど、思い返すと、今となってはすごく懐かしく、すごく大切で、そして諦めなくてホントによかったなと、つくづく思うんです。

今あるのは、間違いなく、その時のがんばりのおかげ。

私がおうち起業した最初の頃、今の私は想像もできませんでした。最初から、ずーーーっと先の目標なんて、決めれないというか思いつかないというか、想像もできませんよね。

目の前の、こうなったらいいな、こんな風にしたいなを、ひとつひとつ叶えていくと、どんどんこうなりたい、こんな風にしたいという思いはアップデートされて、諦めなければ、それは絶対に叶うんです。

私だからできることを
私にもできるやり方で
私らしく

ホントに叶えたいことなら、できないことにフォーカスするんじゃなくて、できるやり方を見つけていく。
そうすれば、叶えたいことは必ず叶えられるから。
ひとつ叶ったら、また次に叶えたいことが出てきちゃうから、もうね、エンドレス！　ハッピースパイラル（笑）。

だから楽しい♡

収入も、人としての器も、どんどんアップデートされたあなたの人生は、今のあなたの行動のその先にしかつながっていません。

この先、私自身もさらに学び、この先もトライ&エラーをし続けて、今よりもたくさんの方のお悩み解決にお役に立つことで、次なるステージに行くべく、邁進していきます。

とみたつづみ

株式会社つづみプロジェクト　代表取締役社長
売上コミットアカデミー主宰
億プラチナプロジェクト主宰
起業副業スタートアップカレッジ主宰

0から起業して、0円集客で年商1億円を達成
Amazonランキング1位・大手書店ランキング1位獲得
【0円集客で売上1億円】【あなたも月商100万円】
【億女になる方法】【集客完全攻略マニュアル】の著者でもあり

3か月で月商100万円達成する専門家として、
年間1000名以上の経営相談を受ける
人気起業塾の代表を務める起業コンサルタント。

たくさんの受講生が、数か月で
月商100万円～400万円
年商1000万、3000万円を超える結果を
毎月安定して出し続けることができる
誰にでもわかりやすく
再現性の高いカリキュラムが好評。

得意な料理でもてなしていたことがきっかけで
お友達からの依頼で始めた料理教室を経て
42歳で料理家として起業。
人気テレビ番組の料理コーナー監修

飲食店のメニュープロデュースなどを手掛ける。

料理家として起業し、仕事をしていく中で
多くの女性起業家から、売上、経営の相談を受けたことで
コンサルタントに転身を決意！

実績を積むため、エステサロンを経営。
未経験からのエステサロン経営にも関わらず
3か月で月商100万円以上を毎月達成。

自らの実績を基に、売上アップにコミットした
『売上コミットアカデミー』をスタート。

コロナ禍になる2年以上前から
zoomというインターネットを利用した
テレビ電話システムをいち早く取り入れ

国内だけにとどまらず、海外にも受講生を抱える
人気の起業塾に育て上げ
たくさんの起業家の売上アップにコミットし続けている。

現在は、年商1億円を目指す方に向けた
『億プラチナプロジェクト』や、
法人企業の年間コンサル契約などにも
注力している人気コンサルタント。

時給《じきゅう》850円《えん》のシングルマザーが
おうち起業《きぎょう》で年商《ねんしょう》1億円《おくえん》

2023年4月24日　初版第1刷

著者　とみたつづみ
発行人　松崎義行
発行　みらいパブリッシング
〒166-0003 東京都杉並区高円寺南4-26-12 福丸ビル6F
TEL 03-5913-8611　FAX 03-5913-8011
https://miraipub.jp　mail：info@miraipub.jp
企画　田中英子
編集　塚原久美
ブックデザイン　則武 弥（paperback Inc.）
発売　星雲社（共同出版社・流通責任出版社）
〒112-0005 東京都文京区水道 1-3-30
TEL 03-3868-3275　FAX 03-3868-6588
印刷・製本　株式会社上野印刷所

ISBN978-4-434-31871-9 C0034